Management Champions

Klaus Deckert

Management Champions

Die 100 besten Erfolgsstrategien
für Manager

 Springer Gabler

Prof. Dr. Klaus Deckert
Stolberg, Deutschland

ISBN 978-3-658-06871-4   ISBN 978-3-658-06872-1 (eBook)
DOI 10.1007/978-3-658-06872-1

Die Deutsche Nationalbibliothek verzeichnet diese Publikation in der Deutschen Nationalbibliografie;
detaillierte bibliografische Daten sind im Internet über http://dnb.d-nb.de abrufbar.

Springer Gabler
© Springer Fachmedien Wiesbaden 2015

Springer Gabler ist eine Marke von Springer DE. Springer DE ist Teil der Fachverlagsgruppe Springer
Science+Business Media.
www.springer-gabler.de

Inhaltsverzeichnis

Vorwort

Kaum etwas kann so verheerende Folgen für ein Unternehmen haben wie bessere Erfolgsstrategien der Konkurrenz. Daher ist es für jeden Manager besonders wichtig, im Wettlauf mit den Wettbewerbern immer einen Schritt voraus zu sein. Dieses Buch soll den Managern dabei als Wegweiser im Innovationsdschungel und als Katalysator für bahnbrechende Verbesserungen dienen.

Wir haben dazu aus unserem breiten Erfahrungsschatz die 100 besten Erfolgsstrategien ausgewählt, die in einem umfassenden Praxistest aus über 1.000 Beratungsprojekten herauskristallisiert worden sind und mit denen viele Unternehmen Erfolg gehabt haben. Diese Erfolgsstrategien sind quasi die Benchmark, um sich an den Besten zu orientieren und die eigenen Stärken und Schwächen mit ihren Chancen und Risiken auszuloten.

Die Erfolgsstrategien fokussieren sich auf Wertsteigerung durch Innovation, indem sie

- ❏ die richtigen Geschäfte machen
- ❏ die Geschäfte richtig machen
- ❏ die Geschäfte mit den richtigen Mitarbeitern machen
- ❏ die Geschäfte mit den richtigen Investitionen machen

Die Erfolgsstrategien, die durch Cartoons illustriert sind, bieten einen unternehmensübergreifenden Fächer von Handlungsempfehlungen an. Es sind jedoch nicht alle Erfolgsstrategien gleichzeitig zu realisieren. Vielmehr verhält es sich mit diesen Strategien wie mit dem riesigen Angebot eines Kaufhauses. Wer in ein Kaufhaus geht, wird nicht alle sondern nur die benötigten Artikel erwerben. Ebenso sind nur die Erfolgsstrategien umzusetzen, die aufgrund von Wirksamkeit, Rahmenbedingungen und Timing Sinn machen. Diese herauszufinden, ist Aufgabe der Manager.

Wer die Erfolgsstrategien dieses Buches richtig und konsequent nutzt, wird Management Champion.

Last not least danke ich all denjenigen, die entscheidend zur Entstehung dieses Buches beigetragen haben. Insbesondere gilt mein Dank den Führungskräften der von uns beratenen Unternehmen für die gemeinsame Realisierung vieler Erfolgsstrategien sowie Herrn Helmut Rottke, mit dem wir über Jahrzehnte viele schöne Cartoons entwickelt haben. Und schließlich bin ich meiner Frau Johanna zu Dank verpflichtet, ohne deren Verzicht auf gemeinsame Zeit die Arbeit für dieses Buch nicht möglich gewesen wäre.

Der Fortschritt lebt vom
Austausch des Wissens.

Albert Einstein

1. Immer einen Schritt voraus

Wir leben in einer Welt, in der Veränderungen das einzig Dauerhafte sind: Alles fließt – heute schneller als früher.

Dabei gilt die Gesetzmäßigkeit der Lebenszykluskurve (siehe Abbildung 1), die nach der Entstehung die Phasen des Wachstums, der Reife und der Alterung durchläuft, – auch für Unternehmen.

Durch die Dynamik der weltweit zunehmenden Vernetzung werden völlig neue Anwendungsfelder erschlossen. Die besten Unternehmen profitieren von diesem Wandel durch permanente Wertsteigerung in globalen Netzen mit einer optimalen Supply Chain.

Die erfolgreichen Manager fokussieren sich dabei auf die Wertsteigerung durch Innovation, indem sie

- die richtigen Geschäfte machen
- die Geschäfte richtig machen
- die Geschäfte mit den richtigen Mitarbeitern machen
- die Geschäfte mit den richtigen Investments machen

Die Erfolgsstrategien dieses Buches sollen die Manager dazu inspirieren, im Wettlauf mit dem Wettbewerb immer einen Schritt voraus zu sein.

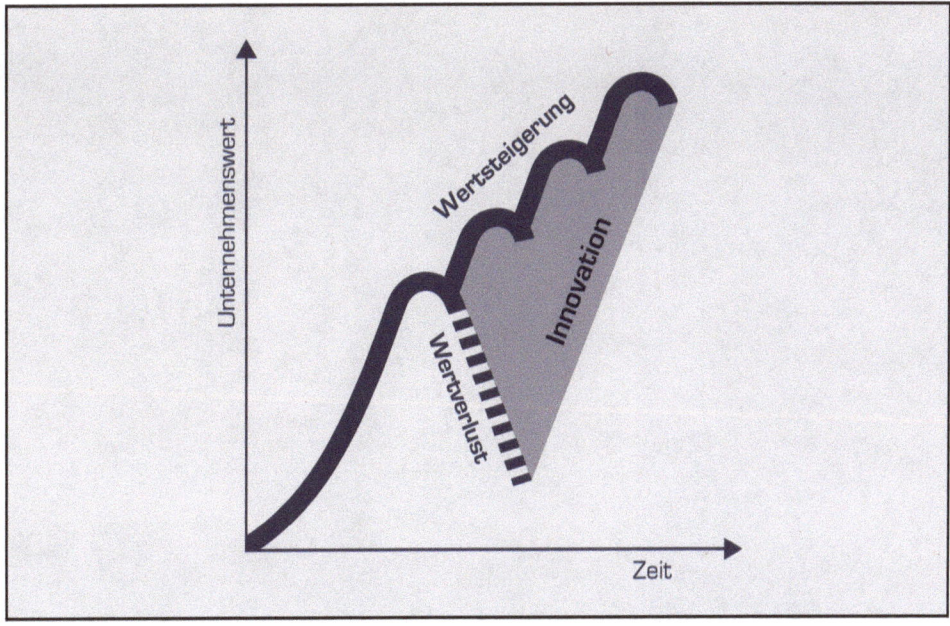

Abbildung 1: Wertsteigerung durch Innovation

Überlegen macht überlegen.

Antoine de Saint-Exupéry

2. Vitalitätsmanagement mit KOPF

Einige Unternehmen haben wenig Vitalität und sterben jung, andere haben viel Vitalität und werden hundert Jahre und älter.

In Verbindung mit der Leistung eines Unternehmens wirkt der Begriff Vitalität dem ersten Eindruck nach untypisch. Doch er bietet sich für diesen Zweck geradezu an: Vitalität ist eine der wichtigsten Erscheinungen in der Natur und begegnet uns als elementarste Ausdrucksform des Lebens überhaupt. Unternehmen als komplexe Organisationsformen weisen ebenfalls Phänomene der Vitalität oder ihres Mangels auf.

Was macht die Langlebigen aber so resistent gegen Verfall und Gefahr? Die früher sterbenden Unternehmen verstehen sich lediglich als Geldmaschinen für ihre Kapitaleigner. Die langlebigen Unternehmen zeigen dagegen ein hohes Maß an Lern- und Anpassungsbereitschaft und nutzen ihre Gewinne und ihr Kapital für die Zukunftsvorsorge [75].

2.1 Das Geheimnis der Vitalität

Vitalitätsmanagement – schnelle Anpassung an die sich ständig verändernden Rahmenbedingungen – ist angesagt. Die Natur macht es uns vor: Charles Darwin erkannte früh die Bedeutung der Anpassung mit „survival of the fittest" (fit = (an)passen). Die erfolgreichen Unternehmen kennen das Geheimnis der Vitalität und handeln danach.

Die Vitalität eines Unternehmens zeigt sich in seinem Lebenszyklus. Er besteht aus den Phasen Entstehung, Wachstum, Reife und Alter.

Vitalitätsmanagement beschäftigt sich mit beiden Seiten des Lebenszyklus:

- ❐ Vitalisieren umfasst alle Maßnahmen und Strategien, um ein Unternehmen im Aufschwung noch schneller zu mehr Dynamik und Wertsteigerung zu verhelfen.

- ❐ Revitalisieren konzentriert sich dagegen zunächst auf Abwehrmaßnahmen, um den Alterungsprozess abzustoppen, und leitet später zum Vitalisieren über.

Die besten Unternehmen beherrschen außerdem die Kunst des Timings, so dass sie durch frühzeitige Vitalisierungsmaßnahmen permanent auf der Sonnenseite der Lebenszykluskurve bleiben. Mit überzeugenden innovativen Managementideen und -konzepten verschaffen sie sich einzigartige Wettbewerbsvorteile und steigern so nachhaltig ihren Unternehmenswert.

2.2 Die Dimensionen von KOPF

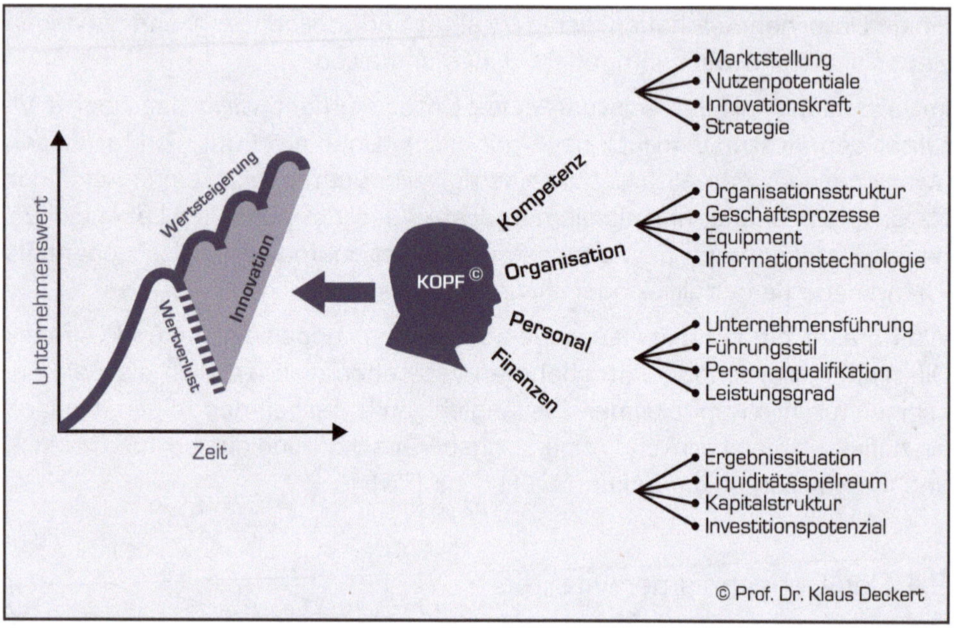

Abbildung 2: Wertsteigerung mit KOPF

Es sind immer die gleichen Faktoren, die ein Unternehmen erfolgreich machen: Aufgeschlossenheit gegenüber neuen Ideen, Bewusstsein der eigenen Identität, Sensibilität gegenüber dem Umfeld und seriöses Finanzmanagement. Das Patentrezept des Erfolges ist damit einfach: Die besten Unternehmen managen ihre Entwicklung mit KOPF© [34].

Die KOPF©-Formel beschreibt und analysiert ein Unternehmen in den Dimensionen Kompetenz, Organisation, Personal und Finanzen.

Die einzelnen Kriterien der KOPF©-Formel (siehe Abbildung 2) bilden die Brücke von der strategischen Betrachtung zur operativen Umsetzung.

Kompetenz
Die Kompetenz eines Unternehmens ist Grundvoraussetzung für dessen Existenz. Sie drückt die spezifischen und wettbewerbsrelevanten Fähigkeiten aus und befasst sich eingehend mit der Entwicklung dieser Erfolgspositionen. Vorrangig ist zunächst die Unternehmensstrategie, die die Prinzipien, Normen und Spielregeln des eigenen Marktauftritts definiert.

Organisation
Ein vom Markt honoriertes Unternehmertum kann auf Dauer nur funktionieren, wenn dieses durch eine geeignete Organisation getragen wird. Die

Organisation ist eine Verknüpfung von der Struktur und den in diesem Rahmen ablaufenden Geschäftsprozessen. Struktur und Geschäftsprozesse sind wirtschaftlich, wenn sie flexibel und kurz sind. Dies können sie nur sein bei einer modernen und funktionierenden Arbeitsausstattung sowie einer schnellen und sicheren Informationstechnik.

Personal

Gute Leistung wird außerdem getragen von leistungsfähigen und leistungsbereiten Mitarbeitern. Personalqualifikation erhöht die Fähigkeit der Mitarbeiter, Motivation und Führungsstil steigern die Leistungsbereitschaft der Angestellten. Häufiger Grund für eine Unternehmenskrise ist die begrenzte Managementkapazität. Nur wenn diese ausreichend bemessen ist, ist erfolgreiche Führung erst möglich.

Finanzen

Ein Conditio sine qua non ist besonders in Krisenzeiten der Finanzbereich. Mangelnde Liquidität bringt jedes – auch ein gutes – Unternehmen zum Erliegen. Es fehlt an notwendigen Investitionen; ein optimales Arbeiten kann nicht garantiert werden. Nicht ohne Begründung zählt die unzureichende Kapitalausstattung mit zu den am häufigsten genannten Insolvenzgründen.

Fazit

Die KOPF©-Formel ermöglicht mit Hilfe der dargestellten Kriterien eine schnelle Diagnose des Unternehmens, die zur Beseitigung der Vitalitätsdefizite in die konsequente Therapie münden muss.

2.3 Globalisierung zwingt zur Wertsteigerung

Viele Anteilseigner und Führungskräfte sind nicht daran interessiert, den Fortbestand eines Unternehmens durch Wertmanagement sicherzustellen. Sie ziehen den Typus Unternehmen vor, der nur als Geldmaschine arbeitet. Geldmaschinen leben indes außerordentlich gefährlich. Sie laufen Gefahr, zur bedrohten Art zu degenerieren, die nur noch in geschützten Nationalparks überleben kann. Denn im globalen Dorf wird es immer schwieriger, Nischen aufzufinden oder sich hinter Barrieren zu verschanzen.

Lebendige, lernende Unternehmen haben in einer Welt, die für sie zunehmend unkontrollierbarer wird, bessere Überlebens- und Entwicklungschancen. Sie schaffen die Voraussetzungen, die bestehenden Arbeitsplätze zu sichern und in zukunftsorientierte Geschäfte zu investieren. So können und werden alle von hohen Renditen profitieren. Damit ist Wertsteigerung Chefsache.

2.4 Die besten Erfolgsstrategien

Die Globalisierung der Geschäfte führt immer mehr zu einem Kopf-an-Kopf-Wettbewerb der Unternehmen. Dabei gibt es Gewinner und Verlierer.

Wie kann ein Unternehmen diesen Wettbewerb erfolgreich bestehen? Wie kann das Unternehmen immer einen Schritt voraus sein, um sich nachhaltig vor den Wettbewerbern zu positionieren? Diese Fragen sind so alt wie die Existenz von Unternehmen und gewinnen zunehmend an Bedeutung.

Manager müssen diese Fragen täglich für ihr Unternehmen beantworten und sich gleichzeitig mit den zukünftigen und aktuellen Geschäften sowie deren Problemen und deren Wettbewerbern auseinandersetzen.

Da die meisten Unternehmen weltweit mit denselben Managementkonzepten arbeiten, die sich im Laufe der Jahre bewährt haben, sind es insbesondere die Manager, die mit ihren Innovationsstrategien und ihren Führungsprinzipien den nachhaltigen Erfolg eines Unternehmens sicherstellen.

Die Innovationsstrategien beziehen sich dabei sowohl auf neue Produkte und Dienstleistungen wie z.B. in jüngster Zeit die Mobiltelefone von Apple als auch auf innovative Managementansätze wie z.B. das Produktionsmanagement von Toyota.

Wie kann man nun die Ideenfindung für Produkt- und Managementinnovationen forcieren? Mit welchen Methoden können die Innovationschancen für Unternehmen systematisch ausgelotet sowie die Effektivität der Innovationsprozesse erhöht werden? Wir haben dazu aus unserer umfangreichen Datensammlung von über 1.000 Beratungsprojekten in diesem Buch 100 Erfolgsstrategien zusammengestellt, die den Managern als Wegweiser im Innovationsdschungel und als Katalysator für bahnbrechende Neuerungen dienen sollen (siehe Abbildung 3).

Auf den ersten Blick mögen einige Erfolgsstrategien als Binsenweisheiten oder Besserwisserei angesehen werden. So lange darüber geredet wird, mag das auch teilweise stimmen. Es zählt jedoch das Ergebnis, mit dem die erfolgreichen Manager diese Strategien in die Tat umgesetzt haben. Denn Reden ist Silber und Machen bringt Gold!

Da nichts erfolgreicher als der Erfolg ist, können die erprobten Erfolgsstrategien den Managern, die dieses Buch verinnerlichen werden, als Benchmark für eigenes Handeln dienen. Diese Manager müssen nicht in dieselben Fallen tappen wie viele andere vor Ihnen und erst aus Schaden klug werden. Viel schöner ist es doch, aus den Fehlern anderer zu lernen.

Die richtigen Geschäfte machen	Die Geschäfte richtig machen	Die Geschäfte mit den richtigen Mitarbeitern machen	Die Geschäfte mit den richtigen Investments machen
01. Vision	26. Leitbild	51. Personalpolitik	76. Finanzielle Unabhängigkeit
02. Das Ziel	27. Organisationskultur	52. Globaler Manager	77. Anlagevermögen
03. Innovationskultur	28. Parkinsons Gesetz	53. Erfahrung	78. Working Capital
04. Wissen	29. Business Reengineering	54. Selbstmanagement	79. Private Equity
05. Macht	30. Organisation im Wandel	55. Networking	80. Unternehmensanleihe
06. Strategische Marktentwicklung	31. Aufbauorganisation	56. Personalplanung	81. Börsengang
07. Kundenbedürfnis	32. Organisationsformen	57. Der beste Chef	82. Liquiditätssicherung
08. Preismanagement	33. Holding-Organisation	58. Spitzenkräfte	83. Risikomanagement
09. Markterschließung	34. Optimale Organisation	59. Talente	84. Wechselkursrisiken
10. Kundenservice	35. Lernende Organisation	60. Ein starkes Team	85. Hedging
11. Lebenszyklus	36. Geschäftsprozesse	61. Führungsstil	86. Wertmanagement
12. Portfoliomanagement	37. Prozessoptimierung	62. Coactive Führung	87. Benchmarking
13. Das vitale Unternehmen	38. Aufgabenkritik	63. Führungstechniken	88. Erfolgsplanung
14. Informationstechnik	39. Optimaler Geschäftsprozess	64. Betriebsklima	89. Hidden Champion
15. Wettbewerbsvorteile	40. Shared Services	65. Motivation	90. Controlling
16. Innovation	41. Make or buy	66. Kompetenzmanagement	91. Investition
17. Disruptive Technologien	42. Fabrikplanung	67. Mitarbeiterbeurteilung	92. Leasing
18. Innovation Scouting	43. Lean Production	68. Lebenslanges Lernen	93. Mergers & Acquisitions
19. Open Innovation	44. Automatisierung	69. Wissensmanagement	94. Joint Venture
20. Markteinführung	45. Supply Chain Management	70. Personalentwicklung	95. Investitionsentscheidung
21. Strategiemanagement	46. Informationssystem	71. Coaching	96. Globalisierung
22. Kernkompetenz	47. Dokumentenmanagement	72. Zeitmanagement	97. Big Data
23. Kommunikationsmanagement	48. Informationssicherheit	73. Stressmanagement	98. Compliance
24. Change Management	49. E-Collaboration	74. Anpassungsfähigkeit	99. Frauen im Management
25. Projektmanagement	50. Cloud Computing	75. HR-Trendmanagement	100. Work-Life-Balance

Abbildung 3: Die besten Erfolgsstrategien

Es müssen jedoch nicht gleich alle Strategien realisiert werden. Dieses Buch versteht sich vielmehr als umfassendes Angebot eines exzellenten Warenhauses. Wer ein Warenhaus betritt, wird auch nicht gleich alle Artikel kaufen sondern sich entsprechend seinen Bedürfnissen und Möglichkeiten gezielt eindecken. Dabei wird sich dann sicherlich auch noch Appetit auf die Umsetzung weiterer Erfolgsstrategien einstellen.

Die Strategien sind nach der KOPF©-Formel in vier Bereiche unterteilt und fokussieren sich darauf,

❏ **die richtigen Geschäfte zu machen**
   Mit welchen Geschäften sind Wettbewerbsvorteile zu erzielen?

❏ **die Geschäfte richtig zu machen**
   Wie können wir unsere Organisation fit machen?

❏ **die Geschäfte mit den richtigen Mitarbeitern zu machen**
   Wie sollen wir unsere Mitarbeiter fördern und fordern?

❏ **die Geschäfte mit den richtigen Investments zu machen**
   Welche Wertsteigerung wird geschaffen?

Die Erfolgsstrategien sind nachfolgend auf einer Textseite prägnant beschrieben und werden durch einen Cartoon visualisiert, so dass die Manager die einzelnen Anregungen unmittelbar in die Tat umsetzen können.

Damit das Mögliche entsteht, muss immer wieder das Unmögliche versucht werden.

Hermann Hesse

3. Die richtigen Geschäfte machen

Langfristige Ertragskraft erwächst aus Wettbewerbsvorteilen. Die Unternehmensleitung muss daher entscheiden, welche Geschäfte sich zum Aufbau eines Wettbewerbsvorteils eignen.

Kontinuierliches Portfoliomanagement (siehe Abbildung 4) ermöglicht es, ein ausgewogenes Verhältnis zwischen Wachstumsfinanzierung und Wertsteigerung herzustellen. Die Portfolio-Methode zeigt auf,

- ❐ welche Geschäfte entscheidende Stärken haben,
- ❐ welche Geschäfte Investitionschancen bieten und
- ❐ welchen Geschäften beides fehlt.

Somit kann das Unternehmen die eigenen Stärken und Schwächen mit ihren Chancen und Risiken ausloten und sich auf die Geschäfte konzentrieren, in denen es grundlegende Wettbewerbsvorteile besitzt und nicht nur kurzfristig hohe Erträge erzielt. Denn nur wer die eigene Position kennt, wird exzellente Leistungen erbringen können.

Die Portfolio-Analyse allein stellt jedoch keinen grundsätzlichen Wettbewerbsvorteil dar. Erst die richtige Strategie bildet das Bindeglied zwischen den Zielen und dem Handeln einer Organisation.

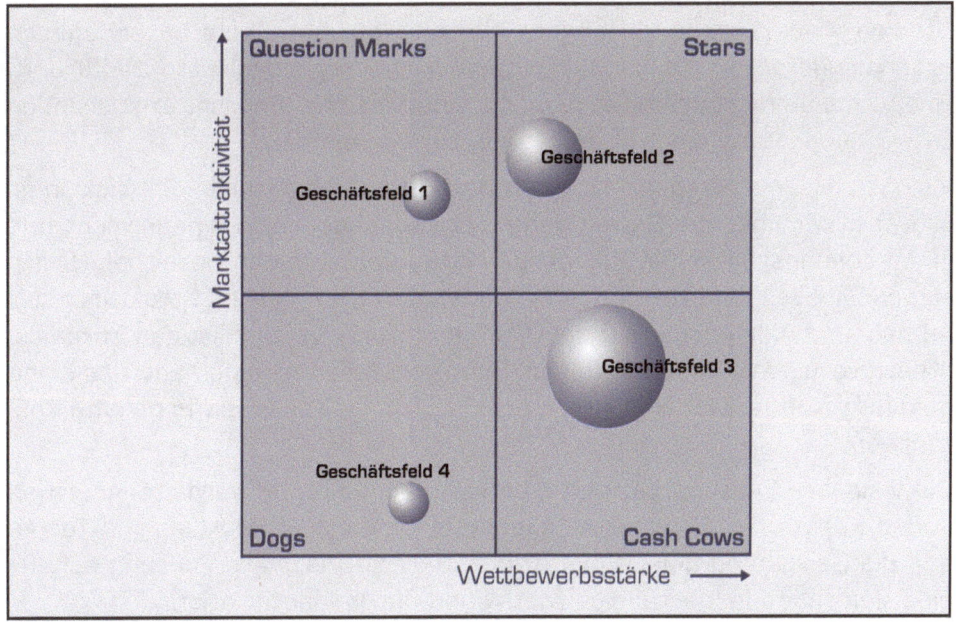

Abbildung 4: Geschäftsfeld-Portfolio

3.01 Vision

Wer bei dem rasanten Tempo unserer Zeit nicht aus dem Tritt kommen will, muss sich nach vorne orientieren. Unternehmen brauchen daher für ihren Erfolg eine antizipierte Zukunft – eine Vision.

In dem Buch „Spielregeln für Sieger" schreibt Gertrud Höhler (59) in dem Kapitel über „Visionen – Leuchtfeuer für Zukunftsrouten": „Die Zukunft denken – das ist ein strategisches Kernstück unternehmerischer Verantwortung".

Visionäre Führungskräfte sind „realistische Zukunftsforscher" und beantworten die Frage „Wohin werden wir gehen?". Die Antwort geben sie nicht nur für sich selbst, sondern auch für die Mitarbeiter ihres Umfeldes, damit diese die einzuschlagende Richtung auch verstehen.

Was macht nun Visionäre aus? Echte Visionäre beherrschen vor allem drei Dinge (62):

❏ Sie erkennen Chancen und Gefahren für das Unternehmen.

❏ Sie legen eine strategische Richtung fest.

❏ Sie inspirieren andere Menschen.

Visionen wirken wie Leuchtfeuer, die den Weg einer langfristigen Entwicklung für eine Organisation markieren. Visionen sind keine realitätsfernen Utopien. Andererseits verlängern sie auch nicht wie eine berechenbare Prognose geradlinig die Entwicklungslinien der Vergangenheit in die Zukunft. Eine Vision umfasst kreative Ideen, die einen heute noch nicht existierenden Entwicklungsstand einer Organisation vorwegnehmen.

Visionen bilden einen ganzheitlichen Bezugsrahmen für einen Entwicklungsprozess, der über die Bewältigung des Tagesgeschäfts hinausreicht und einen Lösungsvorrat für zukünftige Herausforderungen bereithält. Darin eingeschlossen sind zukünftige Aufgaben und die formalen Strukturen der Aufbau- und Ablauforganisation. Die Ausrichtung an langfristigen Zukunftsbildern verhindert ein kurzatmiges Schwachstellenmanagement, das seine gesamte Aufmerksamkeit stets auf die akut gewordenen Probleme konzentriert.

Die visionäre Führung bezieht Wertvorstellungen und Verhaltensnormen in den Köpfen der Mitarbeiter ebenso ein wie die Entwicklung von Teams und die Gestaltung der Organisationsstruktur. Visionäre Führung schafft eine tiefgreifende, beständige Motivation durch Identifikation.

Entzünde das Leuchtfeuer der Vision!

Eine klare Vision wird Wirklichkeit!

3.02 Das Ziel

Christoph Kolumbus stach am 3. August 1492 von Palos de la Fontera aus in See, um mit seinem Flaggschiff Santa Maria und zwei Karavellen Asien auf dem Westweg zu entdecken. Wenn nach dem Start einer der Matrosen gefragt hätte: „Sind wir noch auf dem richtigen Kurs?", dann hätte Kolumbus sicher so oder ähnlich geantwortet: „Selbstverständlich, wir sind auf der Westroute nach Indien". Denn Kolumbus hatte ein klares Ziel, das auf eine alte Idee von Aristoteles zurückging.

Ein Ziel beruht auf einem Bedürfnis und beschreibt einen in der Zukunft liegenden, anzustrebenden Zustand, der von der augenblicklichen Situation abweicht. Ohne Ziel ist also auch keine planvolle Veränderung möglich.

Um die Mitarbeiter erfolgreich ans Ziel zu führen, müssen die Manager Entscheidungen im Spannungsfeld von Aufgabenorientierung und Mitarbeiterorientierung treffen. Diese Führungskunst wird im folgenden Aphorismus von Antoine de Saint-Exupéry deutlich:

Wenn du ein Schiff bauen willst,
so trommle nicht die Männer zusammen,
um Holz zu beschaffen,
Werkzeuge vorzubereiten und Aufgaben zu vergeben,
sondern lehre die Männer die Sehnsucht nach dem endlosen Meer.

Dieses Führungskonzept stellt das Vereinbaren von Zielen in den Mittelpunkt des Führungsprozesses – Management by Objectives (MbO). Der wesentliche Vorteil des MbO liegt in der strikten Trennung von Führung und Ausführung. Führungskraft und Mitarbeiter nehmen abgegrenzte, unterschiedliche Funktionen wahr, die allerdings eng ineinandergreifen.

Auf der operativen Ebene bewirkt das Führen durch Zielvereinbarungen zwischen Führungskraft und Mitarbeiter eine genaue Festlegung der Leistungsanforderung für einen überschaubaren, zukünftigen Zeitraum. Während der Durchführungsphase kann der Mitarbeiter weitgehend eigenständig handeln. Die Führungskraft beschränkt sich auf die reinen Führungsfunktionen, motiviert die Mitarbeiter und koordiniert die Arbeiten, überlässt jedoch die Festlegung der einzelnen Arbeitsschritte und deren Ausführung den Mitarbeitern. In der nachfolgenden Kontrollphase bewerten Vorgesetzte und Mitarbeiter gemeinsam das Arbeitsergebnis und legen neue Ziele fest.

Verfolge ambitionierte Ziele!

Das Ziel bestimmt den Kurs!

3.03 Innovationskultur

Die gemeinsame Identität einer Organisation spiegelt sich in ihrer Kultur wider. Sie drückt sich darüber aus, wie die Mitglieder der Organisation kommunizieren und handeln: So machen wir das hier!

Die Innovationskultur eines Unternehmens umfasst die Normen, Werte und Denkhaltungen der Personen im Innovationsprozess. Sie ist der Nährboden für Innovation und zeichnet sich vor allem durch die folgenden vier Elemente aus [25] [27]:

- **Bekenntnis zu Neuem**

  Eine Vision von einer besseren Zukunft durch Fortschritt ist die wesentliche Grundlage einer Innovationskultur. Fortschritt ist dabei allerdings kein kurzfristiges Unterfangen, in dem Gewinne internalisiert und Verluste externalisiert werden. Fortschritt schafft langfristig Werte und zwar für das Unternehmen und die Gesellschaft.

- **Offenheit für Neues**

  Eine innovations- und technologiefreundliche Grundstimmung schafft die notwendige Anerkennung für Erfindungen und Innovationen sowie deren Schöpfer. Firmen sollten statt dem „Not invented here"-Syndrom lieber eine „Proudly found elsewhere"-Einstellung an den Tag legen und ihren Innovationsprozess im Sinne von Open Innovation öffnen.

- **Mut zu Neuem**

  Innovation im Unternehmen braucht Intrapreneure, die im Unternehmen unternehmerisch agieren und radikale Innovationen vorantreiben. Das gelegentliche Scheitern darf dabei kein Stigma darstellen, sondern ist ein integraler Bestandteil unternehmerischen Handelns.

- **Leidenschaft für Neues**

  Kreative Freiräume sind bei Innovationen wichtiger als starre Regeln. Jeder sollte mit Neugier und Experimentierfreude an neue Aufgaben gehen dürfen und können. Sich diese kindliche Herangehensweise an Herausforderungen zu bewahren bzw. diese wiederzuentdecken, ist eine wesentliche Grundlage für Kreativität und Innovation.

Tools und Methoden lassen sich kopieren, eine Kultur jedoch nicht. Die Kreativität der Mitarbeiter kann aber erst ihr volles Potenzial entfalten, wenn sie durch eine Innovationskultur gestützt wird. Die Entwicklung einer gelebten Innovationskultur ist eine langfristige Führungsaufgabe.

Schaffe eine gelebte Innovationskultur!

„Irgendwas scheinen wir falsch zu machen..."

3.04 Wissen

Die Industrienationen wandeln sich nach und nach in Wissensgesellschaften. Wissen löst Kapital als wichtigsten Produktionsfaktor ab. Dieser Wandel lässt sich an folgenden vier Entwicklungen erkennen.

Das verfügbare Wissen und die verfügbaren Informationen der Welt wachsen exponentiell. Wissenschaftliches und technisches Wissen verdoppeln sich etwa alle fünf Jahre. 80 Prozent aller wissenschaftlichen und technischen Erkenntnisse wurden im 20. Jahrhundert erzeugt [84]. Dieser Sachverhalt wird auch mit dem Begriff „Wissensexplosion" beschrieben.

Die zunehmende Expansion des Wissens zieht zwangsläufig eine fortschreitende Differenzierung des Wissens nach sich. Dies drückt sich in einer zunehmenden Spezialisierung der wissenschaftlichen Disziplinen aus. Experten wandeln sich im Laufe ihrer Tätigkeit vom Generalisten zum Spezialisten. Folgen sind Verständigungsschwierigkeiten in der fächer- und funktionsübergreifenden Zusammenarbeit, aber auch zunehmend innerhalb der einzelnen Disziplinen und Funktionen.

Moderne Informations- und Kommunikationstechnologien, aber auch die verbesserten Möglichkeiten des Reisens führen zu einer zunehmenden Internationalisierung der Gesellschaft nicht nur auf der wirtschaftlichen Ebene. Das Internet ist das herausragendste Beispiel für eine Entwicklung, die die Bedeutung von räumlichen Distanzen immer weiter aufhebt. Neben einer verschärften Wettbewerbssituation entstehen dadurch eine weltweite Transparenz und eine ortsunabhängige Verfügbarkeit von Wissen.

Der fortschreitende Erkenntniszugewinn und die schnelle Verbreitung des Wissens führen darüber hinaus zu einem beschleunigten Verlust an Stabilität des Wissens. Dies gilt insbesondere für das Wissen über Technologien und berufliches Fachwissen. Wissensmonopole und Marktnischen sind heutzutage kurzlebiger als je zuvor. Eine einmalige Ausbildung ist im beruflichen Alltag nicht mehr ausreichend, sondern muss zu einem Modell des lebenslangen Lernens erweitert werden.

Alle diese Faktoren führen dazu, dass die Wissensintensität ansteigt. Der richtige Umgang mit der Ressource Wissen wird zum entscheidenden Wettbewerbsfaktor. Wissen ist jedoch im Gegensatz zu anderen Produktionsfaktoren schwierig zu erfassen und zu bewerten. Die Kernfrage, die sich den Unternehmen im Umgang mit Wissen stellt, lautet: Wie können wir ein unternehmensspezifisches Wissensmanagement in die Praxis umsetzen?

Beherrsche die Komplexität des Wissens!

3.05 Macht

Macht hat viele Facetten. Hiermit muss sich ein Manager auseinandersetzen, wenn er das Verhalten der Mitarbeiter zur Erreichung der Unternehmensziele steuernd beeinflussen will.

In Organisationen unterscheidet man zwischen formalen Machtgrundlagen, die an die Position in einer Organisation gebunden sind, und personalen Machtgrundlagen, die sich durch die Eigenschaften der Person ergeben. Diese Machtbasen bzw. Ressourcen wurden von John P. R. French und Bertram H. Raven (50) in folgende Kategorien eingeteilt:

- ❒ **Macht durch Legitimation**
  Über diese Macht verfügt eine Person aufgrund ihrer Position in der Organisationshierarchie strukturbedingt.

- ❒ **Macht durch Belohnung**
  Die Macht der Führungskraft besteht in der Möglichkeit, andere für ihre Leistungen z.B. durch finanzielle Mittel bzw. Anerkennung zu belohnen.

- ❒ **Macht durch Zwang**
  Der Gehorsam der Abhängigen wird durch die Ausübung von Zwang bzw. durch Anordnung von Strafen erreicht.

- ❒ **Macht durch Identifikation**
  Diese Macht basiert auf den Charaktereigenschaften der Führungsperson, die als Vorbild angesehen wird.

- ❒ **Macht durch Wissen**
  Hier ergibt sich die Macht aus Fachwissen und Spezialkenntnissen, die hohe Akzeptanz finden.

- ❒ **Macht durch Informationsvorsprung**
  Der Zugang zu den Informationen und die Kontrolle über die Kommunikationskanäle bestimmt die Macht.

Macht ist so gut oder so schlecht, wie sie verwendet wird. Eigenorientiertes Machtstreben sollte daher hinter besonnenen Machteinsatz für eine Organisation zurücktreten.

Dieser Führungstyp von Manager schafft eine reibungslose Organisation, in der alle Beteiligten die Spielregeln kennen und sich auch daran halten. Identifikation ersetzt Zwang.

Übe Macht besonnen aus!

3.06 Strategische Marktentwicklung

Wettbewerbsvorteile sind das Ergebnis einer nachhaltigen strategischen Marktentwicklung, die auf einer klaren Vision und einer flexiblen Strategie beruht (106).

Wer strategische Marktentwicklung betreiben will, darf sich nicht zu lange mit der Analyse der heutigen Märkte aufhalten. Er sollte sich vielmehr intensiv mit der langfristigen Zukunft seiner Branche auseinandersetzen und Vorstellungen darüber entwickeln, wie diese in fünf bis zehn Jahren aussehen könnten. Heutige Marktpotenziale und -strukturen geben darüber nur wenig Aufschluss.

Dabei ist besonders darauf zu achten, dass eine erfolgreiche strategische Marktentwicklung

- ❏ eine systematische Anwendung der bekannten methodischen Grundlagen voraussetzt,
- ❏ auf einer möglichst fundierten Antizipation zukünftiger Kundenbedarfe basiert,
- ❏ eine klare Vision bei gleichzeitiger Flexibilität in der Strategieumsetzung erfordert,
- ❏ eine Synchronisation zwischen Strategie, Struktur und Fähigkeiten vornimmt,
- ❏ für die einzelnen Geschäftsbereiche eines Unternehmens unterschiedliche Internationalisierungsprofile herausbildet und
- ❏ eine Fokussierung und Konzentration auf strategisch sinnvolles Wachstum voraussetzt.

Auch, wenn Zeitfenster immer enger werden, gilt: Marktentwicklung wird auch in Zukunft Zeit benötigen. Der Aufbau einer Marke, einer Vertriebsinfrastruktur oder eines Kooperationsnetzwerkes dauern auch im Zeitalter von Hochleistungsprozessen und Internet Jahre, nicht etwa nur Monate oder gar Wochen.

Wir müssen uns heute darüber Gedanken machen, welche Kunden wir in Zukunft bedienen wollen und wie diese Kunden über welche Vertriebskanäle zu erreichen sein werden.

Entsprechend bedeutsam ist eine einerseits weitsichtige, andererseits aber auch flexible Planung der Marktentwicklung.

Entwickle die Märkte strategisch!

„....der Marktführer ... der Marktführer ..."

3.07 Kundenbedürfnis

Produkte sind dann erfolgreich, wenn sie Kundenbedürfnisse erfüllen und damit zu Kundenzufriedenheit führen. Das Kano-Modell versucht, diesen Sachverhalt genauer zu erfassen und bei der Produktentwicklung zu berücksichtigen (24).

Dr. Noriaki Kano, Professor an der Universität Tokio, erkannte, dass das Konzept der Zwei-Faktoren-Theorie der Mitarbeiterzufriedenheit von Herzberg auf die Kundenzufriedenheit übertragbar ist. Unterschiedliche Produkt-Merkmale erfüllen unterschiedliche Kundenbedürfnisse und führen damit zu unterschiedlichen Ergebnissen je nachdem, ob sie sich auf die Zufriedenheit oder die Unzufriedenheit des Kunden auswirken. Folgende Merkmale werden nach dem Kano-Modell unterschieden (68):

❏ **Basis-Merkmale**
   Der Kunde sagt: „Ohne das geht gar nichts."

❏ **Leistungs-Merkmale**
   Der Kunde ruft entzückt: „Je mehr davon desto besser."

❏ **Begeisterungs-Merkmale**
   Der Kunde jubelt: „Wow, wie geil ist das denn?"

❏ **Unerhebliche Merkmale**
   Der Kunde wehrt ab: „Das brauche ich nicht wirklich."

❏ **Rückweisungs-Merkmale**
   Der Kunde meckert: „Was soll ich mit dem Mist?"

❏ **Fragliche Merkmale**
   Der Kunde hüllt sich in Schweigen.

Aus dem Kano-Modell ergeben sich folgende Schlussfolgerungen:

❏ Die Vernachlässigung unerheblicher oder gar Rückweisungs-Merkmale durch den detailverliebten Entwickler führt dazu, dass Produkte mit Eigenschaften auf den Markt kommen, die keiner haben will.

❏ Da Begeisterungs-Merkmale den Kunden selbst unbekannt sind, kann man solche Merkmale bei Kundenbefragungen nicht ermitteln. Auf solche Merkmale muss man als Erfinder selbst kommen.

❏ Die Sprachlosigkeit der Kunden bei fraglichen Merkmalen führt dazu, dass noch genug Unsicherheit bei der Entwicklung neuer Produkte übrig bleibt, damit die Sache richtig spannend bleibt. No risk, no fun!

Beachte die Zufriedenheit und Unzufriedenheit der Kunden!

3.08 Preismanagement

Zur Gewinnverbesserung gibt es drei Ansätze: Mehr Menge, bessere Preise und weniger Kosten.

Gewinn = Absatz x Preis – Kosten

Der Preis ist dabei der Gewinnhebel Nummer 1.

Die besondere Hebelwirkung einer Preiserhöhung wird exemplarisch an einem Unternehmen mit 40 % variablen Kosten, 50 % fixen Kosten und 10 % EBIT demonstriert. Eine gleich große Verbesserung der einzelnen Stellgrößen um zwei Prozent steigert den Gewinn um

- ❏ 8 % durch Senkung der variablen Kosten
- ❏ 10 % durch Senkung der fixen Kosten
- ❏ 12 % durch Steigerung des Absatzes
- ❏ 20 % durch Erhöhung der Preise

Bei einer Verschlechterung der Stellgrößen wie z.B. Preissenkung wirkt der Hebel in gleicher Weise in die negative Richtung und kann die Ertragssituation erheblich gefährden.

Wie lässt sich nun mehr Gewinn durch richtige Preise erzielen? Zur Beantwortung dieser Frage hat sich ein Vorgehen in den nachfolgenden Schritten bewährt:

Schritt 1: Strategische Zielrichtung
- ❏ Welche Ziele wollen wir mit dem Preismanagement erreichen?
- ❏ Wo wollen wir uns im Qualität/Preis-Portfolio positionieren?

Schritt 2: Strategisches Konzept
- ❏ Wie werden die Preise heute ermittelt?
- ❏ Was sind den Kunden unsere Leistungen wert?

Schritt 3: Preisdurchsetzung
- ❏ Welche Schulungsmaßnahmen sind erforderlich?
- ❏ Wie setzen wir die richtigen Preise im Markt durch?

Schritt 4: Preismonitoring
- ❏ Welche Preise wurden erzielt?
- ❏ Wo muss die Preisstrategie angepasst werden?

Unternehmen, die Preismanagement ihrer Produkte und Dienstleistungen mit ähnlicher Aufmerksamkeit wie Kostensenkungs- und Absatzsteigerungsprogramme betreiben, werden ihre Umsatzrendite nachhaltig steigern.

Realisiere optimale Preise!

3.09 Markterschließung

Die Regeln zu unternehmerischem Erfolg waren in der Vergangenheit relativ transparent: eine Tätigkeit auf Wachstumsmärkten in Verbindung mit qualitativ hervorragenden Produkten führte zu sicherem Umsatzwachstum und über Skaleneffekte zu Kostenvorteilen. Hieraus resultierten häufig ein hoher Marktanteil und Wettbewerbsbarrieren, die diese Gewinnmechanik absicherten [106].

Heute sind viele Märkte nicht mehr profitabel, produktbasierte Vorteile sind schon längst kein Erfolgsgarant mehr und die Marktführerschaft ergibt nicht automatisch unternehmerischen Erfolg.

Erfolgreiche Unternehmen klären daher im Zuge der Marktintensivierung wesentliche Fragen:

❒ **Klare Vertriebsstrategie**
Welche Märkte bzw. Marktsegmente sollen zukünftig bedient werden?

❒ **Gezielte Akquisition**
Welche Bedürfnisse werden bei welchen Kunden entstehen und wie sollen sie befriedigt werden?

❒ **Effiziente Vertriebsorganisation**
Wie müssen Außen- und Innendienst aufbau- und ablauforganisatorisch strukturiert werden?

❒ **Wirkungsvolle Kommunikation**
Welche Funktionen muss ein wirksames Verkaufsinformationssystem sicherstellen?

❒ **Attraktiver Produktmix**
Welche Produkt- und Serviceleistungen werden zukünftig profitables Wachstum ermöglichen?

Dabei hängt die erfolgreiche Realisierung der Markterschließung sehr stark von den im Unternehmen vorhandenen Fähigkeiten ab.

Das in vielen Unternehmen in den letzten Jahren nicht zuletzt durch Analysten und Journalisten geförderte kurzfristige Erfolgsdenken belohnt schnelle Resultate zu stark und lässt hierüber die langfristigen Konsequenzen in den Hintergrund treten. Wer hier Märkte nicht bewusst strategisch entwickelt, wird zwar die Umsatzbudgets kurzfristig erreichen, in den Folgeperioden jedoch unter den Nachwirkungen strategisch falschen Wachstums leiden.

Erschließe die Märkte gezielt!

„Und dann brauchen wir
Rasenmäher, viele, viele Rasenmäher... ."

3.10 Kundenservice

Nach dem Verkauf ist vor dem Verkauf!

Die Kundenbetreuung endet nicht mit einem erfolgreichen Geschäftsabschluss bzw. Verkauf, sondern erstreckt sich über die gesamte Lebensdauer des Produktes.

Kundenservice bzw. After-Sales-Management bedienen die Kundenanforderungen nach einer hohen Overall Equipment Effectiveness über den gesamten Produktlebenszyklus (betreiben, erhalten, optimieren) durch überragende Dienstleistungen mit Premiumprodukten. Neue internetbasierte Technologien ermöglichen es dabei, auch ohne physische Präsenz beim Kunden den Betrieb der Produkte an verschiedenen Standorten zu überwachen und zu optimieren.

Wesentliche Bestandteile einer solchen Servicestrategie sind:

- **Service-Hotline**
  Mit einer 24-Stunden-Hotline stehen den Kunden auch außerhalb der Geschäftszeiten jederzeit kompetente Ansprechpartner zur Verfügung. Dadurch können schnell und unkompliziert Reklamationen bearbeitet und Probleme gelöst werden.

- **Original Ersatzteile**
  Um die Verfügbarkeit und Werterhaltung der Produkte fachgerecht sicherzustellen, sind die originalen Ersatzteile unmittelbar lieferbar. Im Notfall genügt ein Anruf bei der 24/7-Hotline, und nach wenigen Minuten erfolgt die Kommissionierung.

- **Upgrades**
  Die Kunden werden über Upgrades laufend informiert, so dass sie Qualität, Kosten und Sicherheit verbessern sowie flexibel auf neue Marktanforderungen reagieren können. Spezialisten unterstützen die Kunden bei Installation und Inbetriebnahme.

After-Sales-Service will die Kundenzufriedenheit erhöhen, die Kundenbindung langfristig sichern sowie zusätzlichen Kundennutzen und profitables Geschäft generieren.

Unternehmen mit innovativen Servicestrategien gelangen daher über die Exzellenz ihrer Produkte und Dienstleistungen zu Wettbewerbsdominanz. Hierdurch werden nicht nur höhere Umsätze, sondern auch attraktivere Renditen erwirtschaftet.

Biete exzellenten Service!

„...und richten Sie dem Vorstand aus,
dass ich Shareholder dieser Marke bin."

3.11 Lebenszyklus

Die Entwicklung eines Lebewesens wird in der Biologie durch den Lebenszyklus beschrieben, der die Lebensdauer in den Phasen der Entstehung, des Wachstums, der Reife und der Alterung darstellt.

Diese Konzeption hat die Betriebswirtschaftslehre auf Produkte, die nur eine begrenzte Lebensdauer im Markt haben, mit dem Ansatz des Produktlebenszyklus übertragen.

Da die Summe der Produktlebenszyklen eines Unternehmens dessen Entwicklung repräsentieren, wurde von Deckert [32] das Modell des Lebenszyklus für Unternehmen entwickelt. Aus dieser Kurve kann das Ergebnispotenzial eines Unternehmens in seiner mengen- und zeitmäßigen Entwicklung frühzeitig abgeschätzt werden.

Je nach Phase des Lebenszyklus weisen Unternehmen unterschiedliche Vitalitätsmerkmale auf [92]:

❐ **Entstehungsphase**
Der Erfolg eines Unternehmens basiert in der Entstehungsphase in der Regel auf wenigen Nutzenpotenzialen, die geringen Umfang haben und häufig von einer überragenden Gründerpersönlichkeit geprägt werden.

❐ **Wachstumsphase**
In dieser Phase entsteht aufgrund zusätzlicher Marktpotenziale sowie Effizienzpotenziale durch Standardisierung, Volumenausweitung und Mitarbeiterspezialisierung hoher Nutzen für alle Beteiligten.

❐ **Reifephase**
Das Unternehmen in der Reifephase schöpft die Nutzenpotenziale der Vergangenheit ab. Es gelingt, weniger neue Innovationspotenziale zu erschließen; stattdessen sind Kostensenkungsprogramme angesagt.

❐ **Alterungsphase**
In der Alterungsphase führt Marktpositionsverlust zu Umsatzrückgang verbunden mit einer Unterauslastung der Kapazitäten. Folglich verschlechtern sich die Ergebnisse, und es kommt zu Liquiditätsmangel.

Aufgrund der Endlichkeit der Lebenszykluskurve reicht die Weiterentwicklung bestehender Produkte nicht aus. Unternehmenserfolg setzt Innovation voraus. Dabei lautet die Devise für das bestehende Geschäft „mehr und besser" und für die Innovationsstrategie „neu und anders".

Mach Innovation zur Daueraufgabe!

3.12 Portfoliomanagement

Der wirtschaftliche, technologische, soziale und ökologische Wandel unserer Zeit zwingt jede Unternehmung zu permanenten Anpassungs- und Lernprozessen. Dabei muss sowohl das laufende Geschäft optimiert als auch die Zukunft durch den Aufbau klarer Wettbewerbsvorteile gestaltet werden (29).

Ein wesentliches Instrument zur aktiven Zukunftsgestaltung ist das Portfoliomanagement. Dieser Ansatz beruht auf dem Gedanken, dass die Unternehmung eine optimale Mischung von strategischen Geschäftsfeldern (SGF) im Hinblick auf Risikostreuung, Ertragschancen, Wachstumschancen und Finanzierbarkeit haben sollte.

Die Grundlage für den Portfolio-Ansatz bilden die Konzepte des Produkt-/Marktzyklus und der Erfahrungskurve. Branchen unterliegen, ebenso wie Produkte, einem Lebenszyklus. Das Erstellen eines solchen Portfolios ist relativ einfach und berücksichtigt die Dimensionen Marktattraktivität und Wettbewerbsstärke, die über die Erfolgsfaktoren eines strategischen Geschäftsfeldes Auskunft geben.

Die Dimension Marktattraktivität analysiert die relevanten externen Marktfaktoren der SGF (Chancen und Risiken). Diese externen Faktoren lassen sich grob unterteilen in Umfeld (z.B. Gesetzgebung und makroökonomische Entwicklung), Marktcharakteristika (z.B. Marktgröße und -wachstum) und Produkte/Verfahren (z.B. Know-how und Substitutionsgefahr). Die zugrunde liegenden Kriterien sind durch das SGF kaum zu beeinflussen.

Die Dimension Wettbewerbsstärke analysiert die Wettbewerbsstellung des SGF (Stärken und Schwächen). Diese internen Wettbewerbsfaktoren können in die drei Kategorien Kompetenz (z.B. Wettbewerbsposition und Produktqualität), Organisation (z.B. Mitarbeiterqualifikation und Liefertermintreue) und Finanzen (z.B. Finanzstärke und ROCE = Return on Capital Employed) eingeteilt werden. Die zugrunde liegenden Kriterien sind durch das SGF beeinflussbar.

Je nach Einordnung eines strategischen Geschäftsfeldes in das Portfolio ergeben sich folgende unterschiedliche Normstrategien:

- ❐ Investitions- und Wachstumsstrategien
- ❐ Selektive Strategien (insbesondere Segmentierungs- und Profilierungsstrategien)
- ❐ Rückzugs- und Desinvestitionsstrategien

Achte auf ein optimales Portfolio der strategischen Geschäftsfelder!

„Es sieht aus wie unser Produktportfolio..."

3.13 Das vitale Unternehmen

Die Fähigkeit zur kontinuierlichen Anpassung an sich verändernde Rahmenbedingungen ist zunehmend erfolgsbestimmend. Lösungen, die sich darauf konzentrieren, das Erreichte zu bewahren und dadurch die Ergebnisse zu erzielen, führen auf längere Sicht zu einem Verlust an Vitalität und haben keine Erfolgschancen (34).

Erfolgreiche Unternehmen sind hingegen bestrebt, den Eintritt in die Reife- und Alterungsphase zu vermeiden. In dem Moment, wo die vorhandenen Nutzenpotenziale nicht mehr ein marktgerechtes Auftreten sicherstellen, sind vitale Unternehmen bestrebt, durch innovative Nutzenpotenziale auf einen neuen Wachstumspfad zu gelangen.

Von der (Re)vitalisierung zum Vitalitätsmanagement lautet die Devise. Jeder Neubeginn auf einer höheren Stufe führt zu einer Erhöhung der Vitalität, beinhaltet aber auch wieder die Gefahren einer künftigen Reifung oder der Alterung. Deshalb sind immer wieder neue Vitalisierungsanstrengungen nötig, wie z.B.

- ❏ das Portfolio der strategischen Geschäftsfelder zu optimieren
- ❏ die Informationstechnik intelligent einzusetzen
- ❏ das Personal zu fördern und zu fordern
- ❏ zukunftsorientierte Investments zu tätigen

Die permanente Vitalisierung gelingt jedoch nur den wenigsten Unternehmen, gibt es doch allzu viele Unternehmen, die sich in der Alterungsphase befinden. Ein Blick auf die steigende Zahl der Unternehmensinsolvenzen bestätigt diese These.

Ständiges Vitalitätsmanagement ist nicht einfach und erfordert extreme Anstrengungen auf allen Ebenen des Unternehmens. Eine solche Vitalitätsoffensive wird dann zum Erfolg führen, wenn die Manager klare Ziele setzen und diese durch schnelle Entscheidungen und konsequentes Handeln in immer kleiner werdenden Zeitfenstern realisieren.

Neben dem Wachstum aus eigener Kraft hat die Unternehmensführung die Optionen, Wachstum durch den Zusammenschluss mit anderen Unternehmen und die gemeinsame Nutzung von Erfolgspotenzialen zu realisieren.

Heute sind – mehr denn je – dynamische Manager gefragt, die mit ungewöhnlichen Erfolgsrezepten den Lebenszyklus eines Unternehmens ins Unendliche verlängern.

Vitalisiere das Unternehmen!

„Wie sagte er doch: Erst ein Unternehmen in der
Krise zeigt, was wirklich in ihm steckt."

3.14 Informationstechnik

Ein IT-Professor referierte in seiner Vorlesung in den frühen 1980er Jahren beim Behandeln des AppleII darüber, dass es in naher Zukunft einen Computer geben würde, mit dem man Schach spielen könne.

Diese Information löste bei den Studierenden eine rege Diskussion aus, und ein Student sagte: „Herr Professor, Sie verbreiten Irrlehren. Ein Computer kann nicht denken und deshalb wird er auch niemals Schach spielen können." Und mit einem ausgestreckten Finger fügte er noch hinzu: „Merken Sie sich das!" Einige Wochen später hat der Student gegen einen Schachcomputer, den der Professor in die Vorlesung mitgebracht hatte, verloren.

Als vor einiger Zeit die dreijährige Enkelin des Professors am Tablet von Apple hantierte, frage er sie: „Elisa, spielst Du am Computer?". Darauf antwortete sie: „Opa, das ist kein Computer, das ist ein iPad".

Diese beiden Episoden, zwischen denen IT-technisch Welten liegen, trennen etwa dreißig Jahre. Für Unternehmen war in dieser Zeit die IT-Entwicklung ähnlich rasant. Und heute spielt Informationstechnik eine wichtige Rolle im Konkurrenzkampf mit folgenden Erfolgsfaktoren:

- ❑ **Intelligente Produktdefinition**
  Von entscheidender Bedeutung ist eine zentrale Datenbank mit einheitlichen Materialstämmen (und Produktstrukturen in Fertigungsunternehmen), so dass alle Anwendungsprogramme an allen Standorten weltweit mit denselben Basisdaten arbeiten können.

- ❑ **Einheitliche IT-Plattform**
  Eine einheitliche IT-Plattform, die sowohl die Hardware-Architektur als auch die ERP-Software umfasst, sorgt dafür, dass Geschäftsmodelle unternehmensweit in gleicher Weise verbreitet und unterschiedliche Handhabungen vermieden werden können.

- ❑ **IT-gestützte Geschäftsprozesse**
  Die IT-technische Automatisierung der Geschäftsprozesse führt dazu, dass diese auf die gleiche Art und Weise besser, schneller und effektiver abgewickelt werden können. Diese Prozessinnovationen werden von Kunden geschätzt und generieren mehr Marktanteile.

Nur die wenigsten Unternehmen nutzen – aufgrund der Entwicklungsdynamik – die Informationstechnik optimal. Die Verbesserung der Informationstechnik wird daher zur Daueraufgabe.

Optimiere den Einsatz der Informationstechnik ständig!

3.15 Wettbewerbsvorteile

Wettbewerbsvorteile bieten enorme Nutzenpotenziale. Eine Erklärung hierzu liefert die Erfahrungskurve, deren Begrifflichkeit 1966 von der Boston Consulting Group [125] eingeführt worden ist:

„Mit jeder Verdoppelung der kumulierten Erfahrung sinken die inflationsbereinigten Kosten der Wertschöpfung um rund 20 bis 30 Prozent."

Diese Erkenntnis ist Basis für viele Wettbewerbsstrategien: Marktführerschaft durch Eroberung von Marktanteilen. Dadurch entstehen über größere Mengen schneller als beim Wettbewerb Kosten- und Preissenkungspotenziale. Diese führen zu Wettbewerbsvorteilen und erhöhen die Markteintrittsbarrieren für potenzielle Wettbewerber. Klassische Beispiele hierfür sind die Computer- und Unterhaltungselektronikbranche.

Marktführer ist das Unternehmen, das in einem Marktsegment das Niveau von Preisen, Technik, Qualität, Service und Kosten bestimmt und dabei die höchsten Gewinne erzielt. Über nachrangige Anbieter schreibt Gälweiler [51]: „Wer nicht Marktführer ist, sondern einen nachgeordneten Platz hat, muss einsehen, dass der Marktführer, wenn er seine Rolle geschickt spielt, letztlich unangreifbar ist, und dass es deshalb unter solchen Bedingungen wenig Sinn hat, eine bestehende Marktführerposition um jeden Preis zu wollen."

Wer sich nicht mit einem Schattendasein und niedrigen Erträgen auf Dauer abfinden will, muss neue Marktsegmente, in denen man selbst Marktführer werden kann, erschließen. Das Inkraftsetzen einer neuen Lebenszykluskurve kann dabei nach der Devise „Überholen ohne Einzuholen" von Pfeiffer [89] mit folgenden strategischen Alternativen erfolgen:

❏ **altes Produkt, neuer Prozess**
Wenn das Produkt nicht entscheidend verbesserbar ist, konzentriert sich diese Strategie auf eine neue Produktionstechnik.

❏ **neues Produkt, alter Prozess**
Eine weitere Möglichkeit besteht darin, ein grundlegend neues Produkt mit traditionellen Produktionsverfahren herzustellen.

❏ **neues Produkt, neuer Prozess**
Der Innovator hat in diesem Fall einen großen Zeitvorsprung, den er zu großen Wettbewerbsvorteilen ausnutzen kann.

Der Schlüssel zu Wettbewerbsvorteilen betrifft daher in erster Linie Produktinnovationen, die häufig auch Prozessinnovationen erfordern.

Strebe Marktführerschaft an!

3.16 Innovation

„Jede Innovation ist eine Expedition in Neuland, eine alpinistische Erstbe-steigung", behauptet der Management-Guru Fredmund Malik, „behandelt werden die meisten aber als ‚Osterspaziergänge'." Innovationen sind keine Selbstläufer. Geschätzte 80 % aller Produkteinführungen am Markt scheitern in den ersten drei Monaten. Denn das Neue ruft immer auch Widerstände hervor, weil es Altes verdrängt – nicht nur außerhalb des Unternehmens, sondern auch innerhalb (z.B. wegen Kannibalisierung) [28].

Da das einzig Konstante in der heutigen Zeit der Wandel ist, müssen Unternehmen den Innovationsprozess gezielt managen – von der ersten Ideen über die ausgearbeitete Erfindung bis zur erfolgreich am Markt eingeführten Innovation. Denn: „Erfindungen beweisen sich im Patentamt – Innovationen am Markt" [66]. Dabei unterscheidet man [76] [113]:

❏ **Inkrementelle Innovationen**
erfüllen bestehende Kundenbedürfnisse mit bestehenden Technologien. Bei ihnen handelt es sich um kleinere Verbesserungen bestehender Produkte, die im Wesentlichen auf eine Leistungssteigerung abzielen (= Do better).

❏ **Radikale Innovationen**
erfüllen neue Kundenbedürfnisse und/oder setzen neue Technologien ein. Durch sie entstehen völlig neue und andersartige Produkte, die entweder zu signifikanten Leistungssteigerungen oder zu einer kompletten Veränderung der Branche führen (= Do different).

Unternehmen sollten die richtige Mischung aus inkrementellen und radika-len Innovationen verfolgen. Aktuelle Studien zeigen, dass etwa 70 % der Innovationsressourcen auf inkrementelle Innovation im Kerngeschäft, 20 % auf angrenzende Geschäftsfelder und 10 % auf komplett neue Produkte und Märkte verwendet werden sollten [83].

Die klassischen Instrumente des Managements inkrementeller Innovationen (z.B. Stage-Gate-Prozess) sind bei radikalen Innovationen allerdings nur bedingt einsetzbar. Dies liegt daran, dass sich radikale Innovationen durch eine hohe Ungewissheit im Hinblick auf Technologie, Markt, Organisation und Ressourcen auszeichnen. Bei radikalen Innovationen steht also die schrittweise Reduzierung der Ungewissheiten im Vordergrund. Dies gelingt z.B. durch Lernen und Experimente, schnelle Entwicklung von Prototypen und frühzeitige Interaktion mit Pilotanwendern.

Manage inkrementelle und radikale Innovationen!

3.17 Disruptive Technologien

Bei Produktinnovationen ist es entscheidend, den Verlauf der Technologie zu kennen, auf denen das Produkt basiert. Die Entwicklung einer Technologie verläuft typischerweise in Form einer S-Kurve. Mit zunehmendem F&E-Aufwand nimmt die Leistungsfähigkeit einer Technologie exponentiell zu. Dies geht jedoch nicht ewig so weiter. Jede Technologie besitzt eine Leistungsgrenze, vor der die technologische Entwicklung abflacht und schließlich zum Erliegen kommt. D.h. für jeden Euro an F&E-Aufwand gibt es ab einem bestimmten Zeitpunkt immer weniger Leistungssteigerung. Zu einem Technologiesprung kommt es dann, wenn eine neue Technologie auf ihrem exponentiellen Wachstumspfad eine alte Technologie, die an ihre Grenze stößt, überholt [48].

Daneben gibt es aber auch noch einen Technologiesprung, der durch disruptive Technologien verursacht wird. Christensen [21] unterscheidet dazu zwischen „Sustaining Technologies" und „Disruptive Technologies":

❏ **Sustaining Technologies**
   steigern die Produktleistung, wie sie durch die derzeitigen Kundenbedürfnisse definiert ist.

❏ **Disruptive Technologies**
   bringen ein neues Nutzenversprechen auf den Markt im Hinblick auf Zuverlässigkeit, Benutzerfreundlichkeit und/oder Preis.

Zu einem disruptiven Technologiesprung kommt es dann, wenn das Leistungsangebot einer Sustaining Technology stärker steigt als die Leistungsnachfrage des Marktes. So kommt es irgendwann zu einem „Performance Oversupply": Die Technologie kann mehr, als der Markt honoriert. Gleichzeitig dringt die disruptive Technologie mit einem steigenden Leistungsangebot von unten in den Markt ein. Durch ihre Überlegenheit im Hinblick auf andere Nutzenversprechen (z.B. Zuverlässigkeit) wechseln die Kunden das Produkt. Ein klassisches Beispiel ist die Entwicklung des Computers von Mainframes über Minicomputer und PCs zu Laptops und Pads.

Unternehmen tun sich schwer mit disruptiven Technologien, da ihre Ressourcenallokation auf die Leistungssteigerung der bestehenden Technologie ausgerichtet ist, um die bestehenden großen Märkte zu bedienen. Sie übersehen dabei die disruptiven Potenziale neuer Technologien, die zunächst nur in kleinen uninteressanten Märkten agieren. Die Fähigkeiten eines Unternehmens bestimmen gleichzeitig auch seine Unfähigkeiten.

Sei wachsam für disruptive Technologien!

3.18 Innovation Scouting

Kürzere Marktzyklen und komplexere Produkte führen dazu, dass die Entwicklungsaufwände steigen, während gleichzeitig die Umsätze mit neuen Produkten zurückgehen. Außerdem hat sich die Wissenslandschaft so verändert, dass mehr Wissen außerhalb als innerhalb eines Unternehmens existiert. Gute Ideen zu identifizieren und schnell umzusetzen wird damit wichtiger als viele Ideen selbst zu generieren. An dieser Stelle setzt das Konzept des Innovation Scouting an.

Innovation Scouting ist die systematische und kontinuierliche Suche nach Innovationschancen und innovativen Lösungsansätzen, die innerhalb oder außerhalb des Unternehmens oder der Business Unit entstanden sind, um den Innovationsprozess zielgerichteter, kreativer und schneller durchzuführen. Es folgt dem Paradigma [42]: „Jede Veränderung bietet eine Chance zur Innovation." Der Innovation Scout beobachtet dazu die relevanten Trends und erspäht Innovationsideen für das Unternehmen.

Bausteine des Innovation Scouting sind

❐ **Innovation Radar**
  Mit der Bewertung der Strategischen Geschäftsfelder wird der Standort des Unternehmens bestimmt und ein Radar installiert.

❐ **Internal Scouting**
  Durch Internal Scouting werden bereichsübergreifende Innovationen im Unternehmen gefördert und so die Innovationskultur verbessert.

❐ **External Scouting**
  Durch External Scouting werden anhand der brancheninternen und -externen Innovationsquellen Innovationschancen für das Unternehmen aufgespürt und daraus Innovationsstoßrichtungen entwickelt.

❐ **Open Innovation**
  Der Open Innovation-Ansatz öffnet den Innovationsprozess für externe Lösungsansätze und verbreitert so die Wissens- und Ideenbasis des Unternehmens.

Innovation Scouting bildet sowohl intern als auch extern die Brücke von der strategischen Betrachtung zur operativen Umsetzung. Es ersetzt dabei nicht die bestehenden Ansätze des Innovationsmanagements, wie z.B. das F&E-Portfolio, sondern erweitert diese. In der Kombination der bestehenden und neuen Ansätze liegt die Chance, den Innovationsprozess sowohl effizient und schnell als auch effektiv und zielgerichtet zu gestalten.

Installiere Innovation Scouts!

3.19 Open Innovation

Open Innovation bindet kontinuierlich und gezielt Externe in den Innovationsprozess des Unternehmens ein, um die Ideenbasis zu verbreiten und so zielgerichtet Innovationschancen auszuloten (20). Dies kann in unterschiedlicher Art und Weise erfolgen.

❐ **Einbinden von Kunden, die ihrer Zeit voraus sind**
MIT-Professor Eric von Hippel (124) hat bereits 1988 in seinem Buch „The sources of innovation" dargelegt, dass in einigen Branchen Innovationen stark von den Kunden getrieben werden. Aus dieser Erkenntnis entwickelte er den „Lead User"-Ansatz, bei dem Unternehmen ihre Kunden, die ihrer Zeit voraus sind, in ihren Innovationsprozess einbinden. Ein Beispiel ist die 3M ESPE AG, Hersteller von Dentalprodukten, die gemeinsam mit über 100 externen „consultant dentists" neue Produkte entwickelt und testet.

❐ **Kooperation mit anderen Unternehmen**
Eine weitere Möglichkeit ist die Kooperation mit anderen Unternehmen. Hier kommen sowohl Lieferanten (wie z.B. in der Automobilindustrie) und komplementäre, d.h. sich ergänzende Unternehmen (wie derzeit zwischen Pharmaindustrie und Biotech-Unternehmen) als auch Konkurrenten („Coopetition", wie z.B. die Entwicklung des Elektromobils, bei der namhafte Automobilbauer miteinander kooperieren) in Frage. Eine weitere Variante ist die „Cross Innovation", die branchenübergreifende Innovation.

❐ **Zusammenarbeit mit Hochschulen und freien Erfindern**
Durch die Zusammenarbeit mit Hochschulen werden neueste Erkenntnisse der wissenschaftlichen Forschung in den eigenen Innovationsprozess eingebunden und gleichzeitig junge, kluge Köpfe für das Unternehmen interessiert, um dem Fachkräftemangel vorzubeugen. Ein weiterer Ansatz ist die Zusammenarbeit von Unternehmen mit freien Erfindern. Der freie Erfinder kann das Know-how des Unternehmens ergänzen und als Außenstehender neue Lösungswege aufzeigen.

F&E-Kooperationen sind bei allen Faktoren des Ressourceneinsatzes – wie Personal, Geld, Zeit und Information – erfolgreicher. Somit gibt Open Innovation die Möglichkeit, Innovations-Kooperationsbarrieren zu überwinden und am Nutzen von F&E-Kooperationen zu partizipieren.

Öffne den Innovationsprozess durch ein weltweites Experten-Netz!

3.20 Markteinführung

Ein neues Produkt ist entwickelt – was nun?

Die Markteinführung entscheidet letztendlich über den Innovationserfolg und wird damit zur kritischen Phase im Innovationsprozess. Da vielen Unternehmen dies nicht ausreichend bewusst ist, scheitert die Mehrzahl aller Produkteinführungen.

Um das Risiko des Misserfolges bei der Markteinführung neuer Produkte zu minimieren, hat das RKW-Kompetenzzentrum (96) eine umfassende Checkliste mit folgenden Einzelmaßnahmen entwickelt:

1. Teilzielgruppe für die Einführungsaktionen bestimmen
2. Einführungsphase festlegen
3. Markteinführungsplan aufstellen
4. Vorankündigung einsetzen
5. Meinungsführer identifizieren
6. Mit einem Referenzanwender zusammenarbeiten
7. Aufmerksamkeit erzielen, Nachfrage anregen, Werbung schalten
8. Sonderkonditionen für die Einführungsphase festlegen
9. Den Anwender bei der Implementierung unterstützen
10. Den Handel einweisen und motivieren
11. Das Vertriebspersonal einweisen und motivieren
12. Marketing-Maßnahmen beobachten und analysieren

Dabei müssen die relevanten Wettbewerbskräfte berücksichtigt werden: Rivalität zwischen den Wettbewerbern, Stärke der Kunden und Lieferanten sowie Bedrohung durch neue Marktteilnehmer und alternative Produkte.

Die Markteinführung eines neuen Produktes stellt keine Daueraufgabe, sondern ein zeitlich befristetes Projekt dar, das die passgenaue Abstimmung und das richtige Timing der Marketinginstrumente für die jeweiligen Kunden erfordert. An dem Projekt, das bis zur Übergabe der Vermarktung an den Vertrieb dauert, sind mehrere Unternehmensbereiche beteiligt. In der Regel sind dies Entwicklung, Marketing, Vertrieb, Produktion, Einkauf sowie Controlling. Zur Steuerung des Projektes sollte ein Projektmanager eingesetzt werden, der für den reibungslosen Ablauf der Markteinführung insbesondere in zeitlicher, kostenmäßiger und kommunikativer Hinsicht verantwortlich ist.

Führe neue Produkte systematisch im Markt ein!

3.21 Strategiemanagement

Erfolgreiche Manager denken permanent darüber nach, wie sie ihr Unternehmen verbessern können. Sie konzentrieren sich auf nachhaltiges Wirtschaften unter Berücksichtigung der wirtschaftlichen, sozialen, ökologischen und politischen Ziele.

Dabei blicken sie über das Tagesgeschäft hinaus und legen Wert darauf, das Unternehmen frühzeitig zukunftsorientiert auszurichten: Kluges Antizipieren statt hektisches Reagieren. Um alle Stakeholder an einem Strang ziehen zu lassen, formulieren und kommunizieren sie dazu eine Strategie, die auf den Orientierungsgrößen der KOPF-Formel basiert.

Die Strategieformulierung, die in der Regel in Workshops mit den Mitarbeitern des Unternehmens erfolgt, läuft dabei in vier Schritten ab und beantwortet folgende Fragen:

- **Schritt 1: Wo stehen wir heute?**
  Dieser Schritt liefert – ausgehend von den Stärken und Schwächen sowie den Rahmenbedingungen – ein möglichst genaues Abbild von der derzeitigen Situation des Unternehmens.

- **Schritt 2: Wohin wollen wir langfristig?**
  Hierzu sind die konkreten langfristigen Ziele mit eventuellen Realisierungshindernissen zu erarbeiten und festzulegen.

- **Schritt 3: Wo wollen wir in drei Jahren sein?**
  Für die nächsten drei Jahre wird eine realistische Strategie mit den Hauptstoßrichtungen formuliert und dokumentiert.

- **Schritt 4: Wie kommen wir dahin?**
  Schließlich wird das Strategiepapier durch Projekte und einen Maßnahmenkatalog auf den Weg der Realisierung gebracht.

Das verabschiedete und kommunizierte Strategiepapier ist – bei aller Wichtigkeit – nur ein erster Schritt. Danach muss die Strategie realisiert und mit konkreten Aktionen umgesetzt werden. Während sich die Strategieformulierung mit den richtigen Dingen top down beschäftigt, verlaufen die einzelnen Realisierungsschritte, um die Dinge richtig zu tun, in umgekehrter Reihenfolge bottom up. Ein den Umsetzungsprozess begleitendes Controlling stellt sicher, dass Abweichungen zwischen der strategischen Planung und der operativen Durchführung schnell erkannt und behoben werden.

Letztendlich ist jede Strategie so gut, wie die mit ihr erzielten Ergebnisse.

Plane top down, realisiere bottom up!

3.22 Kernkompetenz

Die Konzentration auf Kernkompetenzen ist eine Strategie, um Wettbewerbsvorteile zu generieren und einen signifikanten Beitrag zum Kundennutzen zu leisten

Als Kernkompetenz bezeichnen ...

- ❒ C.K. Prahalad und Gary Hamel (90)
  ... die Fähigkeiten, die ein Unternehmen in die Lage versetzen, wesentlichen Kundennutzen zu liefern.

- ❒ Wilfried Krüger und Christian Homp (61)
  ... die dauerhafte und transferierbare Ursache für den Wettbewerbsvorteil einer Unternehmung, die auf Ressourcen und Fähigkeiten basiert.

Ressourcen und Fähigkeiten bilden demnach die Kompetenzen eines Unternehmens. Beispielhaft für Ressourcen sind Anlagen, Werkstoffe, Know-how und Patente sowie finanzielle Mittel. Als Fähigkeiten werden die Management-, Kunden- und Unterstützungsprozesse eines Unternehmens angesehen, mit denen die Ressourcen erfolgreich genutzt werden können. Zur Veranschaulichung der Wirkungsweise von Kompetenzen haben Prahalad und Hamel (90) das Baum-Modell entworfen. Danach bilden die Wurzeln die Kompetenzen. Hieraus entstehen der Stamm mit den Kernprodukten sowie die Äste als strategische Geschäftsfelder mit den Blättern als Produkte.

Besonders erfolgsrelevante Kompetenzen werden als Kernkompetenzen bezeichnet. Wie lassen sich nun Kernkompetenzen identifizieren? Eine Kernkompetenz zeichnet sich durch folgende vier Merkmale aus:

- ❒ **Kundennutzen**
  durch signifikanten Mehrwert für den Kunden

- ❒ **Imitationsschutz**
  durch schwierige Nachahmungsmöglichkeit

- ❒ **Differenzierung**
  durch nachhaltigen Vorteil gegenüber den Wettbewerbern

- ❒ **Diversifikation**
  durch potenziellen Zugang zu neuen Märkten

Für ein erfolgsorientiertes Unternehmen stellen sich nun folgende Fragen: „Welche Kernkompetenzen haben wir bzw. sollten wir haben?" und „Auf welche Kernkompetenzen sollten wir uns fokussieren?"

Baue die Kernkompetenzen aus!

3.23 Kommunikationsmanagement

Heute reicht es nicht mehr aus, eine Spitzenleistung für Kunden zu erbringen. Das Unternehmen muss darüber auch kommunizieren.

Auch wenn diese Kommunikation keinen direkten Beitrag zum Unternehmensertrag liefert, ist Kommunikation ein bedeutender Treiber für den Unternehmenserfolg. Dabei ist der Wertbeitrag für das Unternehmen umso höher, je besser das Kommunikationsmanagement auf die Beziehungen zwischen dem Unternehmen und den Stakeholdern ausgerichtet ist.

Der schwedische Public Relations Verband [116] hat die Kommunikation mit den Stakeholdern wie folgt differenziert betrachtet:

❑ **Mitarbeiterkommunikation**
Die Kommunikation mit den Mitarbeitern richtet diese durch mehr Wissen auf die Unternehmensziele aus. Dies ist die Voraussetzung für mehr Kooperationsbereitschaft mit besseren Leistungen.

❑ **Marktkommunikation**
Durch Kommunikation mit Kunden und Lieferanten steigt der Bekanntheitsgrad des Unternehmens. Eine Erhöhung des Marktanteils und eine Anhebung des Preisniveaus sind die Folge.

❑ **Finanzkommunikation**
Wenn Stakeholder und Kreditgeber eine positive Meinung über das Unternehmen haben, führt dies zu guten Rankings und Ratings. Dadurch wird eine günstigere Finanzierung möglich.

❑ **Gesellschaftsorientierte Kommunikation**
Die Kommunikation mit dem gesellschaftspolitischen Umfeld erhöht das Vertrauen in die Handlungsweise des Unternehmens, dem sich dadurch größere Handlungsspielräume mit mehr Möglichkeiten eröffnen.

Friedemann Schulz von Thun [105] hat für die Kommunikation ein Modell beschrieben, bei dem eine Nachricht unter vier Aspekten zu sehen ist:

1. Sachinhalt: Wie kann ich den Sachverhalt verständlich mitteilen?

2. Selbstoffenbarung: Was gebe ich von mir selbst kund?

3. Beziehung: Was halte ich von dem Informationsempfänger?

4. Appell: Wozu möchte ich den Informationsempfänger veranlassen?

Wer als Manager erfolgreich sein will, muss sowohl nach den strategischen als auch den operativen Spielregeln der Kommunikation handeln.

Tue Gutes und kommuniziere darüber!

3.24 Change Management

Unternehmen müssen in immer kürzeren Abständen ihre Strategien, Strukturen, Systeme sowie Prozesse und damit auch die Verhaltensweisen ihrer Mitarbeiter verändern. Wesentliche Veränderungsgründe sind Reorganisation, Kostensenkungsprogramme und Wachstumsinitiativen [19].

Da diese Veränderungen für die Mitarbeiter häufig überraschend, gravierend und bedrohend sind bzw. so wahrgenommen werden, stehen die Mitarbeiter diesem Wandel oft ängstlich und skeptisch – teilweise mit Widerstand – gegenüber.

Nach Kurt Lewin [77] durchläuft ein erfolgreicher Wandlungsprozess, bei dem die Mitarbeiter ein wichtiger Faktor sind, drei Phasen:

❑ **Phase 1: Auftauen**
   Nach dem ersten Schock bei Bekanntgabe der angestrebten Veränderung gilt es, die Mitarbeiter von der Notwendigkeit des Wandels zu überzeugen und deren Einsicht und Akzeptanz zu wecken.

❑ **Phase 2: Verändern**
   Wenn die Mitarbeiter Vertrauen in die Chancen des Wandels gewonnen haben, werden sie die neue Methode ausprobieren und feststellen, dass diese tatsächlich funktioniert.

❑ **Phase 3: Stabilisieren**
   Die neue Methode wird in dieser Phase zur Selbstständigkeit. Lob und Belohnung durch die Unternehmensführung werden die Mitarbeiter in ihrer neu gewonnenen Einstellung anerkennend bestätigen.

Zur erfolgreichen Gestaltung von Change-Prozessen sind weiterhin folgende Punkte wichtig:

❑ Klare Ziele schaffen Transparenz und sind die Voraussetzung für Orientierung und Vertrauen.

❑ Eindeutige Unterstützung durch das Management stellt sicher, dass der Veränderungsprozess ernst genommen wird.

❑ Information, Kommunikation und Beteiligung sind ein wichtiger Aspekt der Mitarbeitermotivation.

❑ Professionelles Projektmanagement liefert das Instrumentarium, um den Veränderungsprozess möglichst reibungslos zu managen.

Da der Erfolg eines Change-Prozesses enorm vom Verhalten der Beteiligten abhängt, kann kein Manager auf Change Management verzichten.

Setze Change Management zielgerichtet ein!

3.25 Projektmanagement

„Die meiste Arbeit wird in Zukunft in Projektgruppen erledigt", stellte Tom Peters bereits in den frühen 90er-Jahren des letzten Jahrhunderts fest. In der Tat gewinnen Projekte und Projektmanagement immer mehr eine herausragende Bedeutung. Gründe hierfür sind u.a. steigende Kundenansprüche, zunehmende Komplexität, höhere Personalanforderungen und gravierende Risikotragweite (35).

Was versteht man nun unter einem Projekt? Ein Projekt ist – im Gegensatz zu einer Daueraufgabe – ein zeitlich definiertes Vorhaben, das mit einer eigenständigen Organisation und begrenzten, vorgegebenen Ressourcen ein einmaliges Ergebnis (Produkt bzw. Dienstleistung) schafft. Gesteuert wird ein Projekt durch Projektmanagement. Die wesentlichen Elemente des Projektmanagements können wie folgt zusammengefasst werden:

❏ **Projektdefinition**

Am Anfang eines Projektes steht oft eine unscharf formulierte Idee. Diese Idee ist durch operationalisierte Ziele und Aktivitäten zu konkretisieren sowie durch Zielwerte für Zeit und Kosten zu dimensionieren.

❏ **Projektorganisation**

Das Projektmanagement bietet die Möglichkeit, über Kompetenzgrenzen hinweg zu kooperieren sowie unterschiedliche Fachbereiche und Fachkenntnisse (Spezialisten) einzubeziehen.

❏ **Projektdurchführung**

Im Hinblick auf die definierten Ziele obliegt dabei dem Projektmanager die Steuerung und Koordination des Projektes, während die Projektteammitglieder die einzelnen Aktivitäten im Projektalltag durchführen.

❏ **Projektkommunikation**

Je effektiver und reibungsloser die Projektbeteiligten miteinander kommunizieren, umso größer ist die Erfolgschance für das Projekt. Da Menschen Projekte erfolgreich machen, ist Projektmanagement vor allem auch Beziehungsmanagement.

Das Patentrezept des Projekterfolges ist daher einfach. Ein professionell gemanagtes Projekt hat ein klar definiertes Ziel, einen genauen Zeit- und Kostenrahmen sowie eine eigenständige Projektorganisation mit einem erfahrenen Projektverantwortlichen, der durch ein motiviertes Team unterstützt wird.

Richte das Augenmerk auf den kritischen Weg der wichtigen Projekte!

Denn das Bessere
vollbringt immer auch
eine bessere Leistung.

Aristoteles

4. Die Geschäfte richtig machen

Lebendige, lernende Unternehmen haben in einer Welt, die für sie zunehmend unkontrollierbarer wird, bessere Überlebens- und Entwicklungschancen. Dazu gilt es, folgende Stärken zu entwickeln:

- ❐ **Profilieren:** Lebenswichtig ist die Vorstellung – die Vision als anzustrebendes Ziel – über die Zukunft des Unternehmens, aus der sich die Strategie ableitet.

- ❐ **Flexibilisieren:** Die Organisationsstruktur muss sich durch flache Hierarchien, kurze Entscheidungswege und schnell veränderliche Geschäftsprozesse auszeichnen.

- ❐ **Dynamisieren:** Leistung wird getragen von rational und emotional kompetenten Mitarbeitern, die ihr Verhalten und ihre Fähigkeiten schnell der Umweltdynamik anpassen.

- ❐ **Realisieren:** Die Wertsteigerung ist umso höher, je größer die Übereinstimmung zwischen den Interessen von Kunden, Unternehmen und Mitarbeitern ist.

Gelingt es dabei, Strategie, Fähigkeit und Struktur zu synchronisieren, dann werden auf dem Weg von vision into action Spitzenleistungen generiert (siehe Abbildung 5).

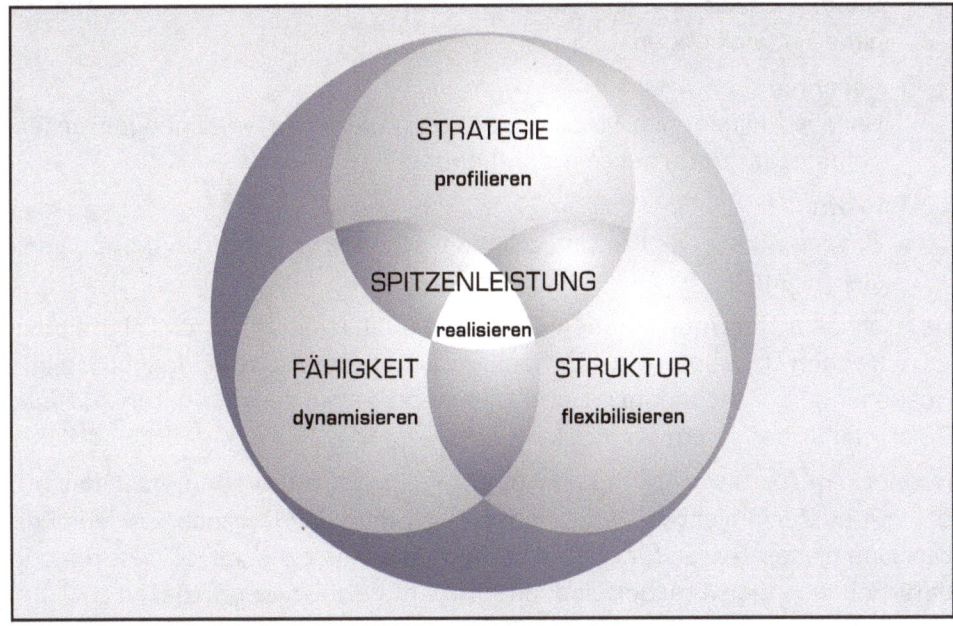

Abbildung 5: Spitzenleistung

4.26 Leitbild

Grundlage der Strategie ist das Leitbild. Dieses ist das Leuchtfeuer für Zukunftsrouten und beschreibt den Zustand eines Unternehmens, den es nach Ablauf des strategischen Weges situativ durch Aktionen erreichen soll.

Unternehmen fixieren Identitätsmerkmale, Wertvorstellungen sowie Verhaltensnormen in ihrem Leitbild. Sie definieren damit die Spielregeln und antworten im Leitbild auf die Fragen:

- ❐ **Wer sind wir?**
- ❐ **Was wollen wir?**
- ❐ **Wie verhalten wir uns?**

Wie kann so ein Leitbild konkret aussehen?

Die Mitarbeiter und Führungskräfte der Salzgitter AG haben für den Konzern z.B. das Leitbild 5P entwickelt, welches das Selbstverständnis, übergeordnete Ziele und Unternehmensgrundsätze enthält [99].

- ❐ **Partner**
  Unser Anspruch: Fairness, Offenheit und gegenseitiges Vertrauen

- ❐ **Produkte**
  Unser Leistungsspektrum: Stahl und Technologie

- ❐ **Prozesse**
  Unser Netzwerk: Schlagkräftig, kompetent und aufgeschlossen für neue Entwicklungen

- ❐ **Personal**
  Unsere Philosophie: Miteinander kommunizieren, voneinander lernen, gemeinsam unternehmerisch handeln

- ❐ **Profit**
  Unsere Strategie: Kontinuierliche Gewinnerwirtschaftung und Wertsteigerung

Bei Borussia Dortmund haben sich die Fußballspieler als Leitbild sieben Versprechen gegeben, wie z.B. bedingungsloser Einsatz, leidenschaftliche Besessenheit, Zielstrebigkeit und Übernahme von Verantwortung. Dieser Geist macht das Team so stark.

Bedeutsam für die Wirkung, die ein Leitbild entfalten kann, ist nicht nur dessen ausformulierter Text, sondern vielmehr der Prozess, der zur Entwicklung dieses Textes führt. Der Verlauf dieses Prozesses ist bestimmend dafür, ob sich die Mitarbeiter auch mit dem Leitbild identifizieren.

Schwöre jeden Mitarbeiter auf das Leitbild ein!

„Schau an, schau an, der Senior-Chef..."

4.27 Organisationskultur

Unternehmen bestehen nicht nur aus Hardfacts (Produkte, Prozesse, Umsatz, Liquidität) sondern auch aus Softskills (Verhaltensweisen, Werte, Führungsstil, Grundannahmen etc.), wobei letztere im Hinblick auf den Erfolg eines Unternehmens immer mehr an Bedeutung gewinnen. Die Gesamtheit der Faktoren bildet die Organisationskultur, die als Bindemittel alles zusammenhält.

Armin Anwander [1] schlägt dazu folgende Definition vor:
„Organisationskultur spiegelt den Glauben einer Gruppe an das, wie sie funktioniert und wie sie funktionieren sollte, im Verhalten ihrer Mitglieder und ihrer Leistungen wieder."

Edgar H. Schein [103] beschreibt die Kulturphänomene von Organisationen mit einem Drei-Ebenen-Modell:

❒ **Ebene 1: Artefakte – So zeigt es sich**
Artefakte sind sichtbarer Ausdruck einer Organisationskultur wie z.B. Werkslayout, Büroausstattung, Firmenlogo, Kleidung der Mitarbeiter sowie Umgangsformen und Kommunikationsverhalten.

❒ **Ebene 2: Werte – So ist es richtig**
Die zweite Ebene beinhaltet Werte einer Organisation, die sich z.B. in Unternehmens- und Führungsgrundsätzen, Richtlinien, Regeln, Handlungsmaximen und Verboten dokumentieren.

❒ **Ebene 3: Grundannahmen – So ist es**
Die Grundannahmen, die unbewusst als selbstverständlich vorausgesetzt werden, umfassen die grundsätzliche Sinnorientierung über z.B. Lebenssinn, Menschenbild, Gerechtigkeit, Umwelt, Arbeit und Glaube.

Dieses Modell stellt ein interaktives, dynamisches System dar, bei dem sich die einzelnen Ebenen gegenseitig beeinflussen.

Wichtige Treiber der Organisationskultur sind dabei:

❒ Vorbild der Vorgesetzten

❒ Selbstorganisation und Eigenverantwortung

❒ interne Kommunikation

❒ Führungsgespräche und Coaching

Jedes Unternehmen entwickelt so im Laufe seines Bestehens eine eigene unverwechselbare Organisationskultur, die durch das Zusammenspiel der Mitarbeiter und Führungskräfte gestaltet wird.

Pflege die Softskills der Organisation!

4.28 Parkinsons Gesetz

Es ist unbestritten, dass der Schimmel seinen Namen von Amts wegen trägt und dass seine Vorfahren überwiegend noch in den Behörden saßen. Aber er hat sich längst überall dort breitgemacht, wo Schreibtische stehen und Aktenschränke. Er fühlt sich dann erst richtig wohl, wenn Verwaltungsarbeit verzögert, Pausen gemacht und reibungslose Zusammenarbeit verhindert werden kann. Er frisst Zeit und produziert Kosten.

Hieraus leitet sich Parkinsons Gesetz zum Bürokratiewachstum [87] ab:

„Arbeit lässt sich wie Gummi dehnen, um die Zeit auszufüllen, die für sie zur Verfügung steht.“

C. Northcote Parkinson, Geschichtsprofessor der Universität Malaya, stellte mit seinem aufsehenerregenden Gesetz 1955 fest, dass die Zahl der Bediensteten unabhängig von den zu erledigenden Aufgaben – einem Naturgesetz gleich – ungehemmt weiter wächst. Gründe hierfür sind:

- ❏ die Mitarbeiter verschaffen sich gegenseitig Arbeit
- ❏ die Angestellten wünschen die Zahl ihrer Untergebenen zu vergrößern
- ❏ die Ausgaben steigen häufig bis an die Grenzen des Einkommens

Parkinson stützte seine Behauptungen u.a. auf Statistiken und Entwicklungen der britischen Admiralität, die er während seiner Tätigkeit im zweiten Weltkrieg als Beamter im Kriegsministerium feststellte. Danach verfügte die britische Marine 1914 über 62 Großkampfschiffe mit 2.000 Beamten in der Admiralität und 1928 über 20 Großkampfschiffe, die von 3.569 Personen verwaltet wurden. Während sich innerhalb von 14 Jahren der Bestand an Schiffseinheiten um 67,74 Prozent verminderte, vermehrte sich das Verwaltungspersonal um 78,45 Prozent.

In den letzten Jahren wurden sowohl von der Privatwirtschaft als auch von der öffentlichen Verwaltung enorme Anstrengungen hin zu einer schlankeren Verwaltung unternommen. Exemplarisch sei hingewiesen auf die

- ❏ Kosten einer Fotokopie, die seit der Formulierung von Parkinsons Gesetz um mehr als 90 % gesenkt werden konnten,
- ❏ Durchlaufzeit eines Bauantrages, der in einer mittelgroßen Stadt von 111 Tagen auf 10 Tage verkürzt wurde [36].

Die zahlreichen Insolvenzen von privatwirtschaftlichen Unternehmen und die hohe Verschuldung der öffentlichen Haushalte sind jedoch ein aktuelles Indiz dafür, dass Parkinsons Gesetz immer noch gültig ist.

Verbanne Parkinsons Gesetz aus dem Büro!

Der Amtsschimmel ist überall.

4.29 Business Reengineering

Der Legende nach prophezeite ein Orakel demjenigen, der den Gordischen Knoten löse, die Herrschaft über Asien. Nachdem sich viele kluge und starke Männer vergeblich darum bemüht hatten, durchschlug Alexander der Große 334 v. Chr. den Gordischen Knoten mit seinem Schwert und startete damit seinen Siegeszug durch Asien.

Eine ähnlich radikale Maßnahme für Unternehmen beschreiben Hammer und Champy [56] mit Business Reengineering, das sie als „fundamentales Überdenken und radikales Redesign von Unternehmen oder wesentlichen Unternehmensprozessen" definieren.

Business Reengineering umfasst vier konzeptionelle Merkmale:

❐ **Fundamentales Überdenken**
Business Reengineering stellt die Dinge, die Unternehmen tun, und die Art und Weise, wie sie diese tun, grundsätzlich in Frage. Es konzentriert sich unvoreingenommen auf das, was sein sollte.

❐ **Radikale Neugestaltung**
Beim Business Reengineering geht es nicht um oberflächliche Modifizierung und Verbesserung von Geschäftsabläufen, sondern um die völlige Neugestaltung eines Unternehmens von Grund auf.

❐ **Verbesserungen um Größenordnungen**
Verbesserungen durch Business Reengineering sind Quantensprünge im zweistelligen Prozentbereich, die die Zerstörung des Alten und den Aufbau von etwas Neuem verlangen.

❐ **Überdenken der Unternehmensprozesse**
Unternehmen, die ihr Augenmerk auf eine funktionale Arbeitsorganisation gerichtet haben, werden nach Geschäftsprozessen gegliedert, die sich auf die Kernkompetenz fokussieren.

Beim Business Reengineering steht der Kunde im Mittelpunkt aller Verbesserungen. Dabei spielen Informations- und Kommunikationstechnologie eine tragende Rolle. Diese ermöglichen es dem Unternehmen, die Geschäftsprozesse mit einfachen IT-Lösungen neu zu gestalten.

Manager, die Business Reengineering mit Verständnis, Engagement und konsequenter Führung betreiben, werden sensationellen Erfolg haben. Während Kundenbindung, Arbeitszufriedenheit und Qualität steigen, sinken gleichzeitig die Durchlaufzeiten, Kosten und Reklamationen.

Meistere radikalen Wandel durch Business Reengineering!

4.30 Organisation im Wandel

In einer Welt, die vom Wandel lebt, müssen Unternehmen Trends frühzeitig erkennen, Strategien rechtzeitig erarbeiten und Geschäftsmodelle konsequent erneuern. Wie sieht nun das Unternehmen der Zukunft aus? Diese Frage beantwortet eine IBM-Studie [63], die auf Gesprächen mit mehr als 1.000 Führungskräften aus Privatwirtschaft und öffentlichem Sektor basiert. Das Unternehmen der Zukunft ist

- **fokussiert auf Veränderungen**

  Das Unternehmen der Zukunft verfügt über entsprechende Prozesse, um die Markttrends proaktiv mitzubestimmen und den Wertbeitrag durch Change Management zu messen.

- **innovativer als von den Kunden erwartet**

  Qualität ist etwas mehr als erwartet. Und so gilt es, die Erwartungen der Kunden mit Innovationen zu überraschen, so dass die Kunden und das Unternehmen davon nachhaltigen Erfolg haben.

- **global integriert**

  Um den anspruchsvollen Kunden Spitzenleistungen zu erbringen, verschafft sich das Unternehmen weltweit Zugang zu den besten Ressourcen und Fähigkeiten unabhängig davon, wo diese sich befinden.

- **von Natur aus revolutionär**

  Das Unternehmen stellt das Geschäftsmodell permanent in Frage und erfindet sich mit bahnbrechenden Ideen – wenn erforderlich – neu, um sich auf dem Markt von den Wettbewerbern abzuheben.

- **engagiert, nicht nur regelkonform**

  Die bloße Einhaltung der Gesetze und Regeln reicht in Zukunft nicht mehr aus. Die Mitarbeiter setzen sich mit hohem Engagement für die Wünsche der Kunden und die Belange der Gesellschaft ein.

Das unternehmerische Erfolgsrezept besteht in der richtigen Kombination von zwei Organisationssystemen. Ein System wickelt das operative Geschäft in einfachen und robusten Organisationsstrukturen und -prozessen ab, das zweite System managt die Anpassung an den schnellen Wandel durch ein flexibles und offenes Netzwerk.

Unternehmen, deren Manager dieses duale Organisationssystem beherrschen, haben bei Veränderungen eine geringe Umsetzungslücke und erbringen eine Spitzenleistung; sie sind wettbewerbsfähig.

Baue ein duales Organisationssystem auf!

4.31 Aufbauorganisation

Eine größere Organisationseinheit ist ein vielschichtiges und komplexes Gebilde. Trotzdem muss es von jedem einzelnen Mitarbeiter als Einheit empfunden werden. Dazu, und um die zahlreichen Anstrengungen aller Mitarbeiter auf die gemeinsamen Ziele auszurichten, bedarf es einer Ordnung – einer Aufbauorganisation (31).

Die Aufbauorganisation umfasst

- ❑ „die Mannschaftsaufstellung eines Unternehmen" bzw.

- ❑ die Struktur der Aufgaben-, Kompetenz- und Verantwortungsverteilung eines Organisationssystems.

Die Gesamtaufgabe kann nur gelöst werden, wenn sie in Teilaufgaben zerlegt und auf die Mitarbeiter aufgeteilt wird. Je klarer Aufgabengliederung und Aufgabenzuteilung an die Mitarbeiter sind, umso leichter ordnen sich diese in die Organisation ein und umso weniger Reibungen entstehen. Um eine Aufgabe richtig zu lösen, bedarf es entsprechender Kompetenzen. Kompetenz ist die Befugnis, alle zur Erfüllung der übertragenen Aufgabe notwendigen Anordnungen treffen zu können. Wer eine Aufgabe übernimmt, übernimmt mit ihr auch die Verantwortung, diese richtig zu lösen.

Eine Aufbauorganisation ist dann am wirkungsvollsten, wenn Aufgabe, Kompetenz und Verantwortung eines jeden Mitarbeiters einander entsprechen, d.h. diese bilden eine untrennbare Einheit: die eingeräumten Kompetenzen entsprechen den Aufgaben, die Verantwortung stimmt mit den übernommenen Aufgaben und Kompetenzen überein.

Analysiert man die bestehenden Organisationsformen deutscher und internationaler Unternehmen und Behörden, so kann man drei kennzeichnende Merkmale, die bereits oben beschrieben wurden, erkennen.

- ❑ Zentralisation der Aufgaben: Verrichtung, Objekt, Region, Person

- ❑ Verteilung der Kompetenzen: Vollkompetenz, Voll- und Teilkompetenz

- ❑ Verantwortung in Form der Unterstellung: einfach, mehrfach

Die Aufbauorganisation wird in ihrer Struktur im Organisationsplan, dem sogenannten Organigramm, dokumentiert. Das Organigramm zeigt, wem welche Aufgaben, Kompetenzen und Verantwortung zugeteilt sind und wie der Dienstweg verläuft – bei Weisungen von oben nach unten sowie bei Rückmeldungen von unten nach oben.

Stelle die Unternehmensmannschaft richtig auf!

4.32 Organisationsformen

Organisationsformen können durch Kombination der kennzeichnenden Merkmale (Zentralisation der Aufgaben, Verteilung der Kompetenz und Verantwortung in Form der Unterstellung) generiert werden. Die wesentlichen idealtypischen Organisationsformen sind Einlinienorganisation, Mehrlinienorganisation und Stablinienorganisation [31].

❒ **Einlinienorganisation**

Der Grundgedanke der Einlinienorganisation beruht entsprechend Fayol auf der Einheit der Auftragserteilung und geht von dem Grundsatz aus, dass niemand zwei Herren gleichzeitig dienen kann.

Der Dienstweg verläuft bei Anordnungen von oben nach unten sowie bei Rückmeldungen von unten nach oben über die hierarchischen Stellen. Gleichrangige Stellen müssen bei aufgabenbezogener Kommunikation den Umweg über die nächsthöhere Instanz nehmen.

❒ **Mehrlinienorganisation**

Die Mehrlinienorganisation erhebt die Spezialisierung der Instanzen zum wichtigsten Gestaltungsprinzip und macht die jeweilige Leitung für ihre Funktionen (Funktionsmeistersystem) weisungsbefugt.

Während bei der Einlinienorganisation jede Stelle von nur einer direkt übergeordneten Instanz Anweisungen erhält, ist sie bei der Mehrlinienorganisation mehreren Instanzen unterstellt.

❒ **Stablinienorganisation**

Sowohl die Ein- als auch die Mehrlinienorganisation können durch die Angliederung von Stäben erweitert werden. Diese Organisationsform bezeichnet man als Stablinienorganisation.

Dabei soll der Stab als Leitungshilfe bzw. Spezialistenstelle die Leitung quantitativ und qualitativ entlasten, indem er der Instanz die Entscheidungsvorbereitung abnimmt, mit Fachwissen beratend zur Seite steht und die Anordnungen überwacht.

Die realen Organisationsformen befinden sich permanent im Spannungsfeld zwischen geschäftsfeldorientierter Zielsetzung und organisatorischer Anpassung. Dabei werden häufig die idealtypischen Organisationsformen unter weitgehender Vermeidung ihrer Nachteile zu Mischformen, bei denen mehrere Gestaltungsprinzipien ausgeprägt sind, weiterentwickelt. Es entstehen hochkomplexe Gesamtsysteme mit fast unendlicher Vielfalt.

Wähle die richtige Form der Aufbauorganisation!

4.33 Holding-Organisation

Die meisten großen Organisationen wie z.B. Konzerne haben eine Holding-Organisation, die aus einer Muttergesellschaft, der Holding-Gesellschaft, und mehreren rechtlich und organisatorisch selbstständigen Tochtergesellschaften besteht, an denen die Holding-Gesellschaft eine Kapitalbeteiligung hält. Das Aktiengesetz definiert den Konzern folgendermaßen: „Sind ein herrschendes und ein oder mehrere abhängige Unternehmen unter einer einheitlichen Leitung des herrschenden Unternehmens zusammengefasst, so bilden sie einen Konzern; die einzelnen Unternehmen sind Konzernunternehmen."

Für die Steuerung eines Konzerns über eine Holding-Gesellschaft bestehen idealtypisch drei Möglichkeiten:

❏ **Strategische Holding**
Die Strategische Holding nimmt strategische Aufgaben wahr und hat keinen operativen Führungsanspruch. Sie konzentriert sich auf die Mitgestaltung und Zusammenführung der Strategien der Tochtergesellschaften. Weitere Aufgaben sind das Finanz- und Beteiligungsmanagement.

❏ **Management Holding**
Die Management-Holding erledigt sowohl strategische als auch mittelbare Aufgaben wie z.B. Öffentlichkeitsarbeit, Führungskräftebetreuung, IT, Recht und Treasury. Diese Holdingform kombiniert Marktnähe und Flexibilität mittelständischer Strukturen mit der Kapitalkraft und Marktpräsenz großer Unternehmen.

❏ **Operative Holding**
Die Operative Holding übt neben den strategischen Aufgaben auch mittelbare und unmittelbare Aufgaben aus und nimmt somit direkten Einfluss auf das operative Geschäft der Tochtergesellschaften. Eine zu weit gehende Involvierung in das operative Geschäft stellt das Holdingkonzept in Frage.

Eine Holding-Organisation versetzt einen Konzern in die Lage, den durch zahlreiche Tochterunternehmen komplexer werdenden Führungsaufwand angemessen zu beherrschen und akquirierte Unternehmen leicht zu integrieren. Des Weiteren können u.U. Steuervorteile genutzt werden, wenn die Holding-Gesellschaft ihren Sitz in ein Land mit attraktiven steuerlichen Rahmenbedingungen verlegt.

Strukturiere eine große Organisation als Holding!

„Erich, ich finde, dass wir auch in Zukunft
ohne Holding arbeiten sollten."

4.34 Optimale Organisation

Für die Gestaltung der optimalen Organisation gibt es Vorgaben, die möglichst gut erreicht werden sollen: Sachziele (Was) und Formalziele (Wie).

Die aus den Bedürfnissen des Umfeldes abgeleiteten Zielsetzungen einer Organisation werden als Sachziele bezeichnet. Sie umschreiben das der Organisation zugrunde liegende konkrete Leistungsprogramm (31).

Von den Sachzielen grenzen sich die Formalziele ab, die die näheren Bedingungen bewerten, unter denen die Sachziele innerhalb einer Organisation verwirklicht werden sollen.

Im Folgenden werden vier vorrangige Formalziele erläutert, die für jede Organisation als Entscheidungskriterien von Bedeutung sind:

- **Flexibilität**

  Die Umweltdynamik erfordert von einer Organisation ein hohes Maß an Flexibilität, das durch Freihalten von Entscheidungsspielräumen und durch die Anpassungsfähigkeit der Mitarbeiter gesichert werden kann.

- **Produktivität**

  Das Formalziel der Produktivität (Effektivität) fordert eine hohe Leistungsfähigkeit des Systems, die sich durch das Produktionsvolumen oder durch die Menge und Qualität der Dienstleistungen bestimmen lässt. Die Produktivität (Effektivität) ist die Kennzahl für das Verhältnis von Ausbringung zu Einsatz.

- **Arbeitszufriedenheit**

  Die Arbeitszufriedenheit der Mitarbeiter beinhaltet nicht nur eine bedeutende Teilforderung nach einer Humanisierung des Arbeitslebens. Sie ist Voraussetzung für ein motiviertes Arbeiten und verhindert eine starke Fluktuation der Beschäftigten.

- **Wirtschaftlichkeit**

  Das Kriterium Wirtschaftlichkeit (Effizienz) stellt Ertrag und Aufwand bei der Aufgabenerfüllung einander gegenüber. Eine Organisation handelt nach dem Prinzip der Wirtschaftlichkeit, wenn die in Kosten bewertete Leistung größer als die Kosten des Einsatzes ist.

Die optimale Organisation ist dann erreicht, wenn sich die Stabilität der Regelungen und das notwendige Maß an Elastizität im Gleichgewicht befinden – wenn weder Über- noch Unterorganisation herrscht.

Gestalte das organisatorische Optimum!

„... jetzt bin ich schon 14 Tage im Urlaub,
keine Panne, kein Problem, Umsätze steigen,
blödes Gefühl für mich."

4.35 Lernende Organisation

Das Ziel einer lernenden Organisation besteht darin, das Wissens- und Leistungspotenzial einer Organisationseinheit zu steigern. Dabei reagiert die lernende Organisation permanent auf externe und interne Anregungen durch Anpassung. Die lernende Organisation ist somit ständig in Bewegung, und Wandel ist nichts Außergewöhnliches sondern der Normfall.

Der kontinuierliche Wandel erfolgt dabei auf der

- ❑ Globalebene durch Vernetzung mit der Umwelt
- ❑ Organisationsebene durch Verinnerlichung der Vision
- ❑ Teamebene durch Sicherstellung von Lernimpulsen
- ❑ Individualebene durch Förderung des Lernens

Nach Senge [109] zeichnen eine lernende Organisation fünf Fähigkeiten aus:

- ❑ **Personal Mastery – Personalqualifikation**
  Organisationen entwickeln sich nur dann weiter, wenn die Mitarbeiter ihre Fähigkeiten durch permanentes individuelles Lernen anheben.

- ❑ **Mental Models – Mentale Modelle**
  Diese Fähigkeit soll die Grundannahmen der Mitarbeiter, mit denen sie die Welt erklären, diskutierbar und entwickelbar machen.

- ❑ **Shared Visioning – Gemeinsame Vision**
  Gemeinsame Visionen entstehen, wenn jeder Mitarbeiter seine Aufgaben zur Erreichung der gemeinsamen Ziele verinnerlicht hat.

- ❑ **Team Learning – Lernen im Team**
  Durch Lernen als Team entwickelt sich eine Gruppenintelligenz, die höher als die Summe der Einzelintelligenzen ist.

- ❑ **Systems Thinking – Denken in Systemen**
  Durch ganzheitliches Denken werden die Wirkmechanismen des Lernens Einzelner auf das gesamte Organisationssystem transparent.

Um eine Organisation von einer statischen (nicht lernenden) zu einer dynamischen (lernenden) Organisation zu verändern, bedarf es einer dauerhaft erfolgreichen Entwicklung aller fünf Fähigkeiten.

Mit Verwirklichung dieses Konzeptes erschließen sich Unternehmen nachhaltigen Nutzen durch z.B. proaktives Reagieren, gesteigerte Flexibilität, bessere Problemlösungskompetenz, höhere Produktivität, steigende Mitarbeiterzufriedenheit sowie geringere Entscheidungsrisiken.

Entwickle die Organisation kontinuierlich!

4.36 Geschäftsprozess

Für den Begriff „Geschäftsprozess" steht eine Reihe von Definitionen zur Verfügung. Im Kontext unseres Verständnisses umfasst die Beschreibung des Geschäftsprozesses den Input, ein Bündel von Aktivitäten, für das ein oder mehrere Inputs benötigt werden, sowie den Output, der für den Kunden ein Ergebnis von Wert darstellt. Deckert berücksichtigt dazu die „zeitliche und räumliche Struktur von Aktivitäten zur bedarfsorientierten Werterzeugung" (31).

Danach lassen sich die Geschäftsprozesse wie folgt strukturieren:

❑ **Managementprozesse**
Managementprozesse bestimmen die strategische Geschäftsentwicklung in den Dimensionen Kompetenz, Organisation, Personal und Finanzen und initiieren notwendige Verhaltensanpassungen des Unternehmens.

❑ **Kundenprozesse**
Kundenprozesse stellen als Ergebnis Leistungen mit direktem Kundennutzen bereit. Kundenprozesse orientieren sich unmittelbar an der Wertschöpfungskette von der Akquisition über die Auftragsabwicklung und Produkterstellung sowie den Versand bis zum Service des Produktes.

❑ **Unterstützungsprozesse**
Unterstützungsprozesse erfüllen nicht unmittelbar Kundenbedürfnisse. Die Bedeutung der Unterstützungsprozesse liegt darin, ein optimales Funktionieren der Kundenprozesse zu garantieren sowie die strategischen Vorgaben aus den Managementprozessen operativ umzusetzen.

Geschäftsprozessoptimierung statt Funktionsperfektionierung lautet die Erfolgsformel. Nicht die perfekte Gestaltung einer Funktion, sondern der horizontale Fluss der Wertschöpfung, der Kunden und Lieferanten flexibler mit dem Wertschöpfungsprozess verbindet, muss optimiert werden. Geschäftsprozessoptimierung setzt jedoch ein Organisationsverständnis voraus, in dem die Geschäftsprozesse die Bausteine der Organisation bilden.

Das Ziel heißt kurze Geschäftsprozesse mit geringen Durchlaufzeiten. Je kürzer die Durchlaufzeit, umso besser ist der Service und umso geringer sind Kapitalbindung und Steuerungsaufwand.

Unterscheide Management-, Kunden- und Unterstützungsprozesse!

Regel Nr. 1: Erstmal eine Akte anlegen.

4.37 Prozessoptimierung

Auf dem Weg zum optimalen Geschäftsprozess werden – vor der Umsetzung – vier Phasen durchlaufen [30]:

- **Kundenbedürfnisse antizipieren**
  Den Wettbewerb gewinnt, wer sich am besten auf die Anforderungen der Kunden einstellt. Markt- und Kundennähe heißt die Devise. Es gilt, die Geschäftsprozesse auf die Kundenwünsche und die möglichen Bedarfsschwankungen auszurichten und durch kurze Durchlaufzeiten exzellenten Service zu bieten.

- **Benchmarks berücksichtigen**
  Kundenbefragungen und Benchmarking mit Daten des Wettbewerbs helfen, die eigenen qualitativen und quantitativen Ziele zu definieren. Erster Schritt in diese Richtung ist stets die Reduzierung von Durchlaufzeiten. In der Regel entspricht die tatsächliche Bearbeitungszeit weniger als 10 % der Gesamtdurchlaufzeit.

- **Aufwandtreiber eliminieren**
  Allzu häufig sind Arbeitsabläufe durch unproduktive Schleifen und nicht durch eine Gerade zwischen Input und Output gekennzeichnet. Das Eliminieren der Aufwandtreiber bedeutet immer die Reduktion von Komplexität. Dabei ist die Produktkomplexität genauso gemeint wie die Aufgabenkomplexität.

  Standardisieren, Modularisieren, spätes Differenzieren, Nachrüsten und Aufwerten stellen Ansätze zur Reduzierung der Produktkomplexität dar. Weniger Produktkomplexität bedeutet auch geringere Aufgabenkomplexität.

- **Arbeitsablauf gestalten**
  Die Arbeitsablaufgestaltung beeinflusst über den gewählten Grad der Arbeitsteilung die Effizienz der Ablauforganisation. Die Arbeitsteilung erfolgt entweder verrichtungs- oder objektorientiert. Den Vorteilen der Objektorientierung – hohe Mitarbeiterqualifikation, weniger Rüstzeiten, großer Handlungsspielraum – steht der Nachteil der hohen Investitionskosten bei Sachmitteln mit geringer Auslastung gegenüber. Dieser Nachteil wird durch die Verrichtungsorientierung ausgeglichen, die aber die Gefahr von Liegezeiten und Fehlerquellen birgt.

Da in den Verwaltungsbereichen nur wenig Sachinvestitionen anfallen, ist dort Objektzentralisation in der Regel optimal.

Optimiere die Geschäftsprozesse!

4.38 Aufgabenkritik

Der typische Geschäftsprozess erfüllt in der Realität weder seine Aufgabe effizient, noch erreicht er vollkommen eines der Ziele Produktivität, Wirtschaftlichkeit, Flexibilität oder Mitarbeiterzufriedenheit (30).

Durch eine Komplexitätsreduzierung im Produktprogramm und bei den Aufgaben lassen sich – unter Zuhilfenahme organisatorischer Hilfsmittel – Ineffizienzen beseitigen und Aufgaben optimieren. Um den Aufgabenbestand einer Organisation im Detail an die Marktbedürfnisse anzupassen, ist es ratsam, die Aufgaben einer ständigen Aufgabenkritik zu unterziehen. Nach der Überprüfung, ob eine Aufgabe überhaupt wahrzunehmen ist (Zweckkritik), folgt die Beantwortung der Frage, wie die Aufgabe am besten zu erfüllen ist (Vollzugskritik). Ansatzpunkte der Aufgabenkritik sind:

❏ Jede Aufgabe lässt sich in Teilaufgaben aufspalten. Es ist zu überprüfen, ob alle Aufgaben notwendig sind oder ob Teilaufgaben wegfallen können.

❏ Unternehmen bieten häufig eine breit gefächerte Produktpalette an. Es ist deshalb zu klären, ob nicht der Zukauf von Vorprodukten wirtschaftlicher als die eigene Herstellung ist.

❏ Zu überprüfen ist auch, ob man den Aufgabenumfang vertretbar reduzieren kann. Dies beginnt bereits mit der Reduzierung der Anzahl von Verteilern.

❏ Äußerste Perfektion ist manchmal hinderlich. Diese Überperfektion erhöht den Personal- und Sachaufwand. Außerdem erhöht sich die Bearbeitungszeit.

❏ Aufgabenhäufigkeit zu reduzieren bedeutet, zu überprüfen, ob eine regelmäßige Aufgabe, z.B. monatliche Berichte, nicht auf eine quartalsweise Bearbeitung mit gleichem messbarem Erfolg reduziert werden kann.

❏ Ist der Mitarbeiter durch viele Aufgaben zeitweise stark belastet, ist zu hinterfragen, ob die Belastung nicht geglättet werden kann, indem z.B. Besprechungs- oder Beratungstermine verschoben werden und somit die Belastung zeitlich entzerrt wird.

Der kurze und effiziente Geschäftsprozess kann nur erreicht werden, wenn Aufwand reduziert, Komplexität verringert und unproduktive Tätigkeiten eliminiert werden.

Überprüfe den Aufgabenbestand kritisch!

„...können wir die Methode noch einmal
grundsätzlich diskutieren?"

4.39 Optimaler Geschäftsprozess

Der Weg zum optimalen Geschäftsprozess beginnt mit den Kundenbedürfnissen (30). Die Bedürfnisse des Käufers eines Produktes oder einer Serviceleistung sind Auslöser und gleichsam Input eines Geschäftsprozesses. Output ist das Produkt oder die Serviceleistung, die das Kundenbedürfnis befriedigt.

Der Kunde sitzt im Chefsessel und gibt Ansprüche bezüglich Quantität, Qualität, Preis, Zeit und Service vor. In der Regel ist die Produktnachfrage durch den Kunden nicht konstant. Teilweise schwankt sie im Jahresverlauf erheblich, will aber jederzeit pünktlich erfüllt werden.

Diese Anforderung ist an den Geschäftsprozess zu richten, der Input und Output miteinander verbindet. Die kürzeste Verbindung zwischen zwei Punkten ist eine Gerade. Auch bei Ihren Geschäftsprozessen?

Wie das mit den Idealen so ist, sie werden selten genug erreicht. Wie weit sich allerdings viele Organisationen von einer Geraden entfernen, ist für den Betrachter verblüffend und für viele Organisationen ausgesprochen schmerzlich: Die meisten Geschäftsprozesse könnten bei optimalem Einsatz aller organisatorischen Hilfsmittel zehnmal schneller sein.

Hier helfen übergreifende Organisationskonzepte, die die Geschäftsprozesse hinsichtlich ihrer Formalziele optimieren:

- ❐ Flexibilität: kurze Durchlaufzeit
- ❐ Produktivität: gute Kapazitätsausnutzung
- ❐ Arbeitszufriedenheit: perfekte Arbeitsteilung
- ❐ Wirtschaftlichkeit: geringe Stückkosten

Die Lösungen sind hinlänglich bekannt und stellen eine Synthese dar zwischen langjährigem Know-how und dem Einsatz ausgesuchter Teams auf Zeit, die sich voll auf die Aufgabe konzentrieren können. Hierdurch entstehen Vorteile für alle am Geschäftsprozess Beteiligten: Für die

- ❐ Kunden durch bessere Produktqualität und schnellere Entscheidungen
- ❐ Organisation durch größere Produktivität und höhere Wirtschaftlichkeit
- ❐ Mitarbeiter durch erweiterten Handlungsspielraum und mehr Selbststeuerung

Begeben auch Sie sich auf den Weg der Geschäftsprozessoptimierung. Dann wird die Vision vom optimalen Geschäftsprozess Wirklichkeit.

Arbeite mit optimalen Geschäftsprozessen!

4.40 Shared Services

Shared Services fasst mehrere gleichartige Geschäftsprozesse – wie z.B. Personal, Rechnungswesen, Beschaffung – aus verschiedenen Bereichen eines Unternehmens bzw. Konzerns zusammen und bringt diese Abläufe in optimierter Form in eine neue Organisationseinheit ein. Shared Services

- ❏ erbringen interne Dienstleistungen, die bisher dezentral erstellt wurden, in eigenverantwortlichen Organisationseinheiten,
- ❏ fokussieren sich auf die Optimierung dieser Geschäftsprozesse im Wettbewerb mit externen Anbietern,
- ❏ erzielen durch Bündelung der Mengen Synergieeffekte und Qualitätsstandards,
- ❏ haben eine klare Kundenorientierung mit gesteigerter Transparenz in den Geschäftsprozessen,
- ❏ erledigen die Dienstleistungen kompetenter, schneller, wirtschaftlicher sowie nachhaltiger und
- ❏ sind die Alternative zum Outsourcing von Supportfunktionen an externe Dienstleister.

Bei Shared Services handelt es sich um eine Art internes Outsourcing, das die Vorteile externer Dienstleister und interner Mitarbeiter verbindet.

Abhängig von der jeweiligen Situation sowie der einbezogenen Geschäftsprozesse ergeben sich folgende Ausrichtungen von Shared Services:

- ❏ **Lokale Geschäftsprozessoptimierung**
  Wertschöpfung durch lokale Verbesserungen einzelner Geschäftsprozesse, die spezifisch für verschiedene Bereiche sind.

- ❏ **Shared Services Center**
  Wertschöpfung durch Konsolidierung von Aktivitäten, die nicht zum Kerngeschäft gehören, in einem Shared Service Center.

- ❏ **Virtuelle Shared Services**
  Wertschöpfung durch Schaffung einer einheitlichen Plattform (z.B. Web-basierte Organisation) zu einer Integration von Aktivitäten unter Beibehaltung der Autonomie der lokalen Organisationseinheiten.

Erfahrungen aus verschiedenen Implementierungen zeigen für einige Geschäftsprozesse Kosteneinsparungen im zweistelligen Prozentbereich sowie Durchlaufzeitverkürzungen um teilweise über 50 %.

Verbessere gleichartige Geschäftsprozesse durch Shared Services!

„Ich glaube, den hat eine
Unternehmensberatung hier aufgestellt."

4.41 Make or Buy

Bei Make-or-Buy-Entscheidungen geht es darum, welchen Leistungsumfang ein Unternehmen selbst herstellt (Eigenfertigung) bzw. von Lieferanten kauft (Fremdbezug). Dabei optimieren die Unternehmen ihren Leistungsumfang durch Konzentration auf das Kerngeschäft. Dies besteht aus

- ❒ Kernleistungen (Produkte und Dienstleistungen)
- ❒ Technologischen Prozessen
- ❒ Erfolgskritischen Geschäftsprozessen

Die Unternehmen machen also nur das selbst, was sie besser können als der Wettbewerb und was auch vom Markt honoriert wird.

Zum erfolgreichen Fremdbezug bewertet Wildemann [128] das Einkaufsvolumen und das Lieferantenentwicklungspotenzial hinsichtlich des Versorgungsrisikos. Daraus leitet sich ein Beschaffungsportfolio mit folgenden Normstrategien ab:

- ❒ **Effizient beschaffen**
  Standardmaterialien, die bei Standardlieferanten beschafft werden, haben ein geringes Versorgungsrisiko. Hierfür sind die operativen Beschaffungsprozesse z.B. durch E-Procurement effizient zu gestalten.

- ❒ **Verfügbarkeit sicherstellen**
  Die Normstrategien für Engpass-Materialien bei Engpass-Lieferanten lautet: Erschließung neuer Beschaffungsquellen und Aufbau weiterer Lieferanten zur Senkung des Versorgungsrisikos.

- ❒ **Marktpotenzial nutzen**
  Die Beschaffung von Kernmaterialien bei Kern- und strategischen Lieferanten wird gefördert durch partnerschaftliche Zusammenarbeit, um das Entwicklungspotenzial der Lieferanten zu nutzen.

- ❒ **Wertschöpfungspartner aufbauen**
  Bei strategischen Materialien soll das Versorgungsrisiko durch Aufbau gegenseitiger Abhängigkeiten zwischen Abnehmer und Kern- bzw. strategischem Lieferanten reduziert werden.

Das Einkaufsvolumen beträgt – abhängig von der Branche – zwischen 40 % und 70 % vom Umsatz eines Unternehmens. Dieser Wert unterstreicht die Bedeutung des Fremdbezuges, der sowohl als Instrument zur Kostensenkung als auch zur Neupositionierung von Unternehmen am Markt eingesetzt wird.

Nutze guten Einkauf zum Gewinn!

4.42 Fabrikplanung

Die Fabrikplanung beschäftigt sich mit der kompletten Neuplanung (green field) und der Um- oder Erweiterungsplanung (brown field) eines Fabrikbetriebes. Diese Veränderungen sind sehr komplex und nehmen – aufgrund des großen Investitionsvolumens sowie der langen Lebensdauer – entscheidenden Einfluss auf die Zukunft eines Unternehmens. Damit sich die Unternehmen ihre Zukunft nicht verbauen, bedarf es anfangs einer genauen Chancen-Risiko-Analyse sowie anschließend eines strukturierten Planungsvorgehens.

Bauernhansl [4] beschreibt in seiner Vorlesung folgende Ebenen bei der Fabrikplanung:

❑ **Standortplanung**
  Im Rahmen der Standortplanung werden die Planungsausgangsdaten (Markt/Kunde, Infrastruktur, Arbeitskräfte, Finanzen) zusammengetragen und einer eingehenden Risikoanalyse unterzogen.

❑ **Werkstruktur**
  Die Vorzugsvariante für die Werkstruktur, die im Generalbebauungsplan auch die zukünftige Werksentwicklung berücksichtigt, wird in einem zweistufigen Entscheidungsprozess ermittelt.

❑ **Gebäude**
  Für die Gebäudestruktur wird der Flächenbedarf für die einzelnen Funktionsbereiche anhand der Beschaffungs- und Distributionslogistik sowie des Produktionsflusses ermittelt.

❑ **Bereiche**
  Das Gestaltungsfeld Bereiche befasst sich mit dem Produktionslayout unter Berücksichtigung der funktionalen, flächenbezogenen, prozessseitigen und rechtlichen Rahmenbedingungen.

❑ **Betriebsmittel**
  Die Detaillierungsebene Betriebsmittel beschäftigt sich mit der Gestaltung der Arbeitsbedingungen und Arbeitsabläufe eines Arbeitssystems bzw. Arbeitsplatzes.

Fabrikplanung ist eine komplexe Aufgabe, die umfassendes Know-how von Architektur, Gebäudeplanung, Logistik, Fertigungs- und Informationstechnik sowie professionellem Projektmanagement erfordert. Diese Kompetenzen machen mit optimalen Planungskosten und wirtschaftlichen Betriebskosten die Fabrik fit für die Zukunft.

Plane eine Fabrik mit Spezialisten!

4.43 Lean Production

Lean Production bzw. Schlanke Produktion zielt auf Wettbewerbsvorteile durch Termin-, Qualitäts- und Kostenführerschaft. Hierzu bietet die in Japan entwickelte Methode verschiedene Lösungsansätze wie z.B. Kontinuierlicher Verbesserungsprozess, KAIZEN, Total Quality Management, KANBAN und Just-In-Time an [69].

Die einfache Übertragung der japanischen Methode auf deutsche Verhältnisse ist wegen unterschiedlicher Rahmenbedingungen nicht möglich, so dass es keine allgemein gültige Lean Production-Strategie gibt. Vielmehr gilt es, folgende bedeutende Module je nach Situation unternehmensspezifisch anzupassen:

❐ **Fertigungssegmentierung**
Ausgehend von der Produktstruktur und deren Fertigungsfolge werden die Betriebsmittel – so weit möglich – materialflussorientiert angeordnet. Für diese Fertigungsinseln ist dann das Fertigungspersonal zu dimensionieren und mit den entsprechenden Kompetenzen zu versehen.

❐ **Gruppenarbeit**
Durch die Einführung von Gruppenarbeit in den Fertigungsinseln wird eine weitere Steigerung der Produktivität erzielt. Diese Arbeitsorganisation erfordert ein hohes Maß an Selbstorganisation der Mitarbeiter und kann schrittweise um weitere Aufgaben ausgebaut werden.

❐ **Arbeitszeitflexibilisierung**
Arbeitszeitflexibilisierung hat das Ziel, die Ressource Arbeitszeit unter Berücksichtigung der Beteiligteninteressen optimal zu nutzen. Dabei kann die Anpassung des Personaleinsatzes an den Auftragseingang sowohl zeitorientiert als auch kapazitätsorientiert erfolgen.

❐ **Qualitätssicherung**
Total Quality Management macht Qualität zum Unternehmensprinzip und verbessert dadurch die Wettbewerbsfähigkeit. Wesentliche Elemente dieses Systems sind Kundenorientierung, Null-Fehler-Strategie und Einbindung aller Mitarbeiter.

In der Praxis zeichnet sich die schlanke Produktion aus durch Kundenorientierung als Maxime mit Null-Fehler-Strategie, durch eine flexible Fertigung mit sehr kurzen Lieferzeiten sowie eine flache Organisationsstruktur mit verantwortungsbewussten Mitarbeitern. Hieraus resultieren enorme Ergebnisverbesserungen.

Verschlanke die Produktion durch Japan-Diät!

„Dieses System habe ich schon mal gesehen,
ich glaube...in Versailles."

4.44 Automatisierung

Durch Automatisierung werden körperliche und geistige Tätigkeiten eines Produktionsprozesses, die bisher von Menschen ausgeführt wurden, auf Maschinen übertragen. Hierdurch verschieben sich die Aufgaben des Menschen von der Produktion auf Administration, Planung, Steuerung, Wartung und Dienstleistungen.

Die VDI/VDE-Gesellschaft Mess- und Automatisierungstechnik [120] hat für die Bedeutung und Entwicklung der Automation bis zum Jahr 2020 folgende drei Thesen aufgestellt:

❏ **Die Automation leistet einen wesentlichen Beitrag zur Lösung anstehender gesellschaftlicher Herausforderungen.**
Die Automatisierungstechnik trägt mit automatisierten Lösungen zur Steigerung des Lebensstandards bei und sorgt – bei steigenden Bedürfnissen und knapper werdenden Rohstoffen – für einen verantwortungsbewussten Umgang mit Ressourcen und Energie.

❏ **Die Automation steht für „Technik mit dem Menschen für den Menschen".**
Die Automatisierungstechnik hat sich von rein technischen Lösungen zum Problemlöser für die Menschen gewandelt. Durch technische Lösungen in den Bereichen Gesundheitsvorsorge, Medizintechnik, Infrastruktur, Mobilität, Arbeit, Sicherheit, Medien etc. steigt die Lebensqualität.

❏ **Die Automation ist Leitdisziplin für die Entwicklung, Optimierung und Anwendung neuer Produkte, Verfahren und Technologien.**
Der weltweite Markt für Automatisierungstechnologie wächst jährlich mit über 5 % und ermöglicht so die stetige Verbesserung der vorhandenen Produkte und Prozesse sowie die nachhaltige Entwicklung innovativer Produkte und Prozesse [5].

Die Automatisierung bringt viele Vorteile wie z.B.

❏ höhere Lebensqualität für alle

❏ bessere Produktqualität für die Kunden

❏ beherrschbare und sichere Prozesse für die Mitarbeiter

❏ schonenden Umgang mit Ressourcen (Material, Energie) für die Umwelt

❏ technischen Fortschritt für die Unternehmen

und ist eine strategische Herausforderung für jeden Manager.

Automatisiere regelmäßig!

„Junge, Du verdirbst mir die Stimmung hier."

4.45 Supply Chain Management

Eine Wertschöpfungskette (Supply Chain) zeigt den Weg des Produktes vom Rohmaterial zum Verbraucher. Dabei besteht das Produkt aus einer Vielzahl von Komponenten, die in den einzelnen Wertschöpfungsstufen entstehen. So wird pro Stufe in der Regel eine eigenständige Wertsteigerung des Produktes erzielt (97).

Ziel des Supply Chain Managements ist es, die Effektivität und Effizienz der Wertschöpfungskette durch die richtige Kombination folgender Ergebnistreiber zu steigern:

- ❏ Produktion: Was soll wann und wo gefertigt werden?
- ❏ Lager: Welche Produkte werden auftrags- bzw. prognosegesteuert?
- ❏ Ort: Wo kann welche Aktivität am besten erledigt werden?
- ❏ Transport: Wie und wann sollen die Produkte befördert werden?
- ❏ Information: Welche Informationen werden für diese Entscheidungen benötigt?

Der wesentliche Hebel zur Wertsteigerung des gesamten Unternehmens ist die Optimierung des Designs der Wertschöpfungskette an seinen beiden zentralen Schnittstellen, auf der Beschaffungsseite einerseits und der Vertriebsseite andererseits. An beiden Schnittstellen stellt sich die Frage nach Insourcing oder Outsourcing, also nach Make or buy.

Diese Frage hat an den beiden zentralen Schnittstellen eine wesentlich höhere Bedeutung als an den einzelnen Wertschöpfungsstufen innerhalb der Wertschöpfungskette, denn entweder die Verkürzung oder die Verlängerung der Wertschöpfungskette bedeutet in der Regel immer eine Veränderung des Geschäftsmodells des Unternehmens. Sie kann daher nur auf Basis strategischer Entscheidungen des Unternehmens erfolgen. Daher kann auch keine pauschale Aussage erfolgen, ob bestimmte Wertschöpfungsstufen eher für Outsourcing oder eher für Insourcing geeignet sind.

Die Entscheidung kann daher immer nur unternehmensindividuell erfolgen im Kontext der Unternehmenssituation, seiner Strategie sowie dem Markt- und Wettbewerbsumfeld.

Supply Chain Management gewährleistet einen reibungslosen Ablauf innerhalb des Netzwerkes mit Synergieeffekten durch höhere Kundenzufriedenheit, schnellere Durchlaufzeit, kompetentere Mitarbeiter, geringere Kapitalbindung und weniger Transportkosten.

Manage die Wertschöpfungskette!

4.46 Informationssystem

Informationssysteme unterstützen die Manager bei der Planung, Entscheidung und Führung sowie die Mitarbeiter bei der effektiven und effizienten Erledigung ihrer Arbeit. Damit wird das Informationssystem zum zentralen Radar, um das Unternehmen auf dem richtigen Kurs der Vision zu halten.

In derzeitigen Informationssystemen sind Strategie, Organisation und Geschäftsprozess stark verflochten mit dem IT-Anwendungssystem von Software, Hardware, Datenbanken und Telekommunikation [74]. Um ein integriertes Informationssystem relativ einfach zu entwickeln, zu optimieren und umzusetzen, hat Scheer [101] die Architektur integrierter Informationssysteme (ARIS) konzipiert. Das ARIS-Konzept stützt sich zur Reduzierung der Komplexität auf folgende fünf Sichten:

❑ **Datensicht**
   Die Datensicht umfasst alle unternehmensrelevanten Informationsobjekte sowie deren Attribute und Beziehungen.

❑ **Funktionssicht**
   Die auszuführenden Vorgänge sowie ihre Zusammenhänge untereinander bilden die Funktionssicht.

❑ **Organisationssicht**
   Die Organisationssicht dokumentiert die Aufbauorganisation und die jeweils zugehörigen Bearbeiter.

❑ **Steuerungssicht**
   Die Steuerungssicht verknüpft die vorangegangenen Sichten zu einem zeitlich logischen Ablaufplan.

❑ **Leistungssicht**
   Sämtliche materiellen und immateriellen Leistungen des betrieblichen Leistungsprozesses werden in dieser Sicht beschrieben.

Innerhalb der Sichten werden Beschreibungsebenen unterschieden: Das Fachkonzept, das das betriebswirtschaftliche Anwendungskonzept dokumentiert, das DV-Konzept, das das Fachkonzept DV-nah beschreibt, und die Implementierung, die die beschriebenen Konzepte realisiert.

Durch die rasante Entwicklung der Informationstechnik sind die Manager heute mehr denn je gefordert, das Informationssystem dem technischen Fortschritt anzupassen und über die Grenzen des Unternehmens hinaus mit Kunden und Lieferanten zu vernetzen.

Investiere in ein integriertes Informationssystem!

4.47 Dokumentenmanagement

Dokumente sind tragende Säulen der inner- und zwischenbetrieblichen Information und Kommunikation. Ein auf die betrieblichen Anforderungen zugeschnittenes und elektronisch unterstütztes Dokumentenmanagement ermöglicht es, die benötigten Informationsobjekte rasch und wirtschaftlich zu erfassen und sie später wieder zuverlässig aufzufinden (7).

Ein Dokument vereinigt verschiedene Informationsobjekte wie Texte, Grafiken, Bilder und Tabellen, die in folgenden Dokumentformaten vorliegen können: Physische Dokumente, Non Coded Information-Dokumente, Coded Information-Dokumente und Dokumente aus Systemdaten.

Das Dokumentenmanagement (DMS) erfüllt folgende Funktionen:

❑ **Dokumentenerfassung**
Die physischen und die NCI-Dokumente müssen in geeigneter elektronischer Form erfasst sowie mit Suchmerkmalen indiziert und archiviert werden, damit sie im DMS recherchiert werden können.

❑ **Dokumentenverteilung (Workflow)**
Durch Modellierung und Abbildung von standardisierten und häufig wiederkehrenden Geschäftsprozessen ist es möglich, die Dokumente über DMS-interne und –externe Kommunikationsverfahren, wie z.B. E-Mail oder Fax, zu verteilen, weiterzuleiten und wieder vorzulegen.

❑ **Dokumentenbereitstellung (Recherche)**
Die Dokumentenbereitstellung gewährleistet, dass die Dokumente standortübergreifend über Dokumentenvernetzung und/oder Suchmaschinen recherchiert und in der gewünschten Form an die richtigen Mitarbeiter weitergereicht werden.

❑ **Dokumentenarchivierung (Speicherung)**
Die Dokumentenarchivierung umfasst das revisionssichere Speichern, Sichern und Verwalten von Attributdaten und Dokumenten sowie die Administration der Dokumente, der Ablagestruktur und der Benutzerzugriffsrechte.

❑ **Dokumentenvernetzung**
Dokumente aus unterschiedlichsten Applikationen (z.B. CAD, ERP, externe Datenbanken) werden zu einem Geschäftsprozess verknüpft.

Dokumentenmanagement dient als Kern, von dem aus das Wissensmanagement eines Unternehmens kontinuierlich weiter ausgebaut werden kann.

Verwalte die Dokumente mit System!

4.48 Informationssicherheit

Unternehmen setzen in zahlreichen Geschäftsprozessen – vom Einkauf über die Produktion bis zum Verkauf sowie in der Verwaltung – moderne Informations- und Kommunikationstechniken ein. Die dabei verwendeten Informationen und Systeme stellen einen unschätzbaren Wert für jedes Unternehmen dar und müssen mit wirtschaftlich vertretbaren Maßnahmen angemessen geschützt werden [10].

Wer die Bedrohung durch Systemausfall, Systemmissbrauch, Sabotage, Spionage, Diebstahl, Betrug etc. missachtet, riskiert u.U. die zukünftige Existenz des Unternehmen.

Zur Risikominimierung bedarf es deshalb eines ganzheitlichen Sicherheitskonzeptes mit den richtigen Sicherheitsmaßnahmen:

❑ **Organisatorische Sicherheitsmaßnahmen**
Einen guten Informationsschutz mit verhältnismäßig geringem Aufwand bieten die organisatorischen Maßnahmen. Hierzu zählen u.a., die Zuständigkeiten insbesondere für die Administratoren und den Sicherheitsbeauftragten festzulegen, die bestehenden Sicherheitsrichtlinien schriftlich in einem Sicherheitskonzept zu dokumentieren und die Mitarbeiter regelmäßig zu schulen.

❑ **Infrastrukturelle Sicherheitsmaßnahmen**
Die infrastrukturellen Sicherheitsmaßnahmen betreffen die Funktionssicherheit von Hardware und Netzen sowie die baulichen Maßnahmen zum Schutz gegen Feuer, Überhitzung, Wasserschäden und Stromausfall. Außerdem muss der Zutrittsschutz und der Schutz vor Einbrechern beachtet werden.

❑ **Technische Sicherheitsmaßnahmen**
Zu den technischen Sicherheitsmaßnahmen gehört, die Daten regelmäßig zu sichern, geeignete Virenschutzprogramme auf allen Rechnern zu installieren, die Anwenderprogramme ständig zu aktualisieren und sich mit einer Firewall vor unberechtigten Zugriffen aus dem Netz zu schützen.

Kein – noch so großer – Aufwand kann eine 100-prozentige Informationssicherheit garantieren. Daher sind die Unternehmen gefordert, die sicherheitsrelevanten IT-Prozesse transparent zu machen und ein IT-Risikomanagement mit vertretbaren Sicherheitsstandards aufzubauen. Hierdurch wird das Gesamtrisiko reduziert.

Sichere die wichtigen Informationen des Unternehmens!

4.49 E-Collaboration

Komplexer werdende Aufgabenstellungen und Projekte sowie geografische Entfernungen im internationalen Geschäft erfordern eine bessere Kollaboration. Das Internet bietet dazu mit E-Collaboration moderne Kommunikationswerkzeuge, die die Menschen miteinander vernetzen und in ihrer Zusammenarbeit unterstützen.

Mit Hilfe der E-Collaboration-Werkzeuge wird es möglich, das Wissen eines Unternehmens zentral zu bündeln und den Mitarbeitern – an unterschiedlichen Standorten und in unterschiedlichen Ländern – dezentral zugänglich zu machen. Eine einfache Übersicht über die E-Collaboration-Werkzeuge liefert nachfolgende Unterteilung nach Generationen [85].

❒ **Erste Generation: Basis-Module**
Den Anfang der E-Collaboration machten E-Mails, Telefon/VoIP und Kalender. Diese seit langem eingesetzten Werkzeuge wurden erst später unter dem Begriff E-Collaboration zusammengefasst.

❒ **Zweite Generation: Zusammenarbeit**
Die E-Collaboration-Werkzeuge der zweiten Generation vereinfachen die tägliche Zusammenarbeit erheblich. Wesentliche Tools sind Instant Messaging (Chat), Presence Awareness (Verfügbarkeitsinformation), Dokumentenmanagement-Systeme, Projektmanagement-Tools, Desktop Sharing (Präsentation) und Whiteboards (gemeinsames Arbeiten an Dokumenten).

❒ **Dritte Generation: Social Software**
Mit der dritten Generation von E-Collaboration soll das Wissen in einer Organisation transparent und besser nutzbar gemacht werden: Blogs und Wikis dokumentieren Wissen, nach Tags (Schlagworten) kann gesucht werden, RSS-Reader informieren über Neuigkeiten, Social Bookmarking erstellt analog zu einem Wiki eine Datenbank und Social Networking baut analog zu Xing ein Netzwerk auf.

E-Collaboration kann zwar die direkte Kommunikation nicht ersetzen; E-Collaboration-Werkzeuge bieten jedoch die Möglichkeit, besser zu kommunizieren, zu koordinieren und zu kooperieren.

Dadurch wird den Mitarbeitern mehr Wissen zugänglich gemacht und durch mehr Nähe zueinander ein besseres Teamgefühl vermittelt. Weiterer Nutzen ergibt sich durch kürzere Durchlaufzeiten der Geschäftsprozesse und durch den Wegfall von Reisen.

Setze moderne Kommunikationsmittel ein!

4.50 Cloud Computing

Cloud Computing ist eine Form von dynamisch an den Bedarf des Nutzers angepassten IT-Dienstleistungen, die in Echtzeit als Service über ein Netz bereitgestellt werden. Den Unternehmen bietet sich damit neben einer schnellen Realisierung der IT-Projekte die Möglichkeit, langfristig fixe Investitionen zu nutzungsabhängigen variablen Kosten zu verlagern [16].

Die Nutzung von Cloud Services gleicht dem klassischen Outsourcing, bei dem auf der Nutzerseite Teile der IT-Landschaft nicht mehr selbst betrieben, sondern von Anbietern als Dienstleistung angemietet werden.

Cloud Computing bietet folgende verschiedene Servicemodelle an [9]:

- **Infrastruktur (IaaS)**

  Infrastructure as a Service (IaaS) stellt eine virtuelle IT-Infrastruktur über das Internet bereit. So kann ein Cloud-Kunde Rechnerleistung, Datenspeicher und Netzwerk anmieten und damit ein Betriebssystem mit eigenen Anwendungen laufen lassen.

- **Plattform (PaaS)**

  Platform as a Service (PaaS) bietet innerhalb einer IT-Umgebung, die vom Anbieter bereitgestellt und unterhalten wird, die Möglichkeit, dass Nutzer ihre eigenen Software-Anwendungen hier entwickeln und ausführen können.

- **Software (SaaS)**

  Software as a Service (SaaS) ist ein Softwaremodell, bei dem die Nutzer über Internet auf Software-Sammlungen und Anwendungsprogramme bei Bedarf beim Dienstleister zugreifen können. Beispiele hierfür sind Finanzbuchhaltung und Business Process Management.

Die Bereitstellung der Services erfolgt nach zwei reinen Cloud-Formen. Private Cloud hat eine nutzereigene und vom Nutzer selbst betriebene Cloud-Umgebung mit Zugriff über Intranet. Public Cloud befindet sich im Eigentum eines IT-Dienstleisters, der die Cloud-Umgebung mit Internetzugriff betreibt. In der Realität werden Mischformen aus Private Clouds, Public Clouds und traditioneller IT-Umgebung, die Hybrid Clouds, genutzt.

Aufgrund der technischen und wirtschaftlichen Vorteile gehen alle Prognosen davon aus, dass sich Cloud Computing im Markt durchsetzen wird. Entscheidend für die Geschwindigkeit der Marktdurchdringung wird dabei sein, wie schnell die Anbieter mit ihren Konzepten zum Datenschutz und zur Datensicherheit das Vertrauen der Nutzer gewinnen können.

Verfolge die Entwicklung von Cloud Computing!

Das neue Profil der Sieger: Innovative Führung

Gertrud Höhler

5. Die Geschäfte mit den richtigen Mitarbeitern machen

Es sind die Mitarbeiter, die eine Organisation vital machen oder ihre Vitalität verhindern. Dabei hängt die Leistung eines Mitarbeiters maßgeblich von zwei Faktoren ab (siehe Abbildung 6):

- ❏ Verstand(IQ) - intelligentes Know-how
- ❏ Emotion (EQ) - emotionale Kompetenz.

Diese beiden Dimensionen sind sowohl bei den verschiedenen Anforderungsprofilen der Organisation als auch bei den einzelnen Befähigungsprofilen der Mitarbeiter unterschiedlich ausgeprägt. Aus der Unternehmenspraxis ist belegt, dass emotionale Kompetenzen stärker zu Höchstleistungen beitragen als reiner Intellekt und fachliche Kenntnisse. Dies gilt es, zu erkennen und durch Synchronisation von Organisationszielen und Mitarbeiterzielen zu Spitzenleistungen zu managen.

Vitale Unternehmen zeichnen sich daher dadurch aus, dass sie ihre Mitarbeiter stetig fördern und immer wieder neue Leistungen von ihnen fordern. Eine permanente Evaluierung der Leistungskriterien sowie eine bedarfsgerechte und kontinuierliche Personalentwicklung bedeuten somit einen Mehrwert sowohl für die Organisation als auch für jeden Mitarbeiter.

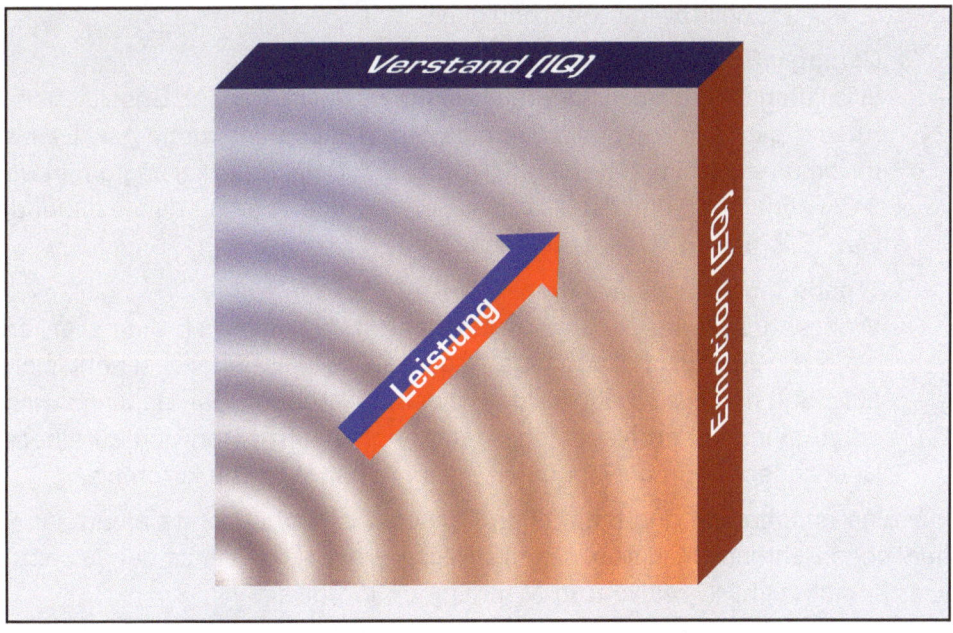

Abbildung 6: Leistung = IQ x EQ

5.51 Personalpolitik

Die Personalpolitik eines Unternehmens bestimmt – als wichtiger Teilbereich der Unternehmenspolitik – die Rahmenbedingungen für einen effizienten und sozial angemessenen Einsatz der Mitarbeiter in einer Organisation. Wesentliche Bestandteile der Personalpolitik sind Führung und Zusammenarbeit, Weiterbildung und Information sowie Leistung und Gleichbehandlung [33].

Derzeit wird die Personalpolitik durch folgende Trends beeinflusst [98]:

❑ **Ökonomische Trends**
Mit der internationalen Ausrichtung von Human Resource Management gerät die Personalpolitik mehr und mehr unter Kostendruck und den Zwang zur Produktivitätssteigerung. Aufgrund des erfolgskritischen Wissens wird Personalpolitik die Beschäftigung der Wissensträger in einem Unternehmen nachhaltig sichern müssen.

❑ **Gesellschaftliche Trends**
Die Werte der Gesellschaft stehen im Spannungsfeld von
- Lebensgenuss und Leistungsorientierung
- Privatleben und Beruf
- Individualisierung und gemeinsamen Zielen
- Flexibilität und Beständigkeit

❑ **Demografische Entwicklung**
Wir leben in einer schrumpfenden und älter werdenden Gesellschaft, für die die Bevölkerungspyramide von 1910 nicht mehr gilt. Es ist davon auszugehen, dass von 2010 bis 2050 die Bevölkerung um etwa 14 % abnehmen und der Anteil derjenigen, die über 65 Jahre alt sind, von 16,2 % auf 20,1 % steigen wird.

❑ **Trends am Arbeitsmarkt**
Während sich das Volumen an bezahlter Arbeit durch eine stärker als das Wachstum steigende Produktivität verringert, erhöht sich aufgrund des Frauenanteils das Arbeitskräftepotenzial. Dadurch wird es zu einer hohen Nachfrage nach hochqualifizierten und zu einem Überangebot von geringqualifizierten Arbeitskräften kommen.

Für eine nachhaltige und tragfähige Personalpolitik bedarf es eines ganzheitlichen Rahmenkonzeptes, das alle Personalaspekte, Trends der Arbeitswelt und betrieblich relevanten Maßnahmen integriert.

Berücksichtige bei der Personalpolitik den Wandel der Arbeitswelt!

„...nach ausführlicher Analyse aller
verfügbaren Daten befinden wir uns im
Moment hier..."

5.52 Globaler Manager

Früher wurden die internationalen Märkte überwiegend von weltweit agierenden Großkonzernen bearbeitet. Heute sind viele mittelständische Firmen auch international tätig, um neue Märkte für ihre Geschäftsfelder zu erschließen. Hierdurch steigt die Nachfrage nach erfahrenen globalen Managern. Eine nationale Karriere ist jedoch nicht automatisch auch eine Garantie für internationalen Managementerfolg. Auf welche Fähigkeiten und Eigenschaften kommt es an, damit eine Führungskraft in einem multikulturellen Umfeld erfolgreich ist?

Um dies herauszufinden, wurden auf der ganzen Welt mehrere Hundert hochrangige Führungskräfte nach den Erfolgsfaktoren eines globalen Managers befragt [65]. Danach haben drei wesentliche Komponenten besonderen Einfluss auf den Erfolg in fremden Kulturen:

❏ **Intellektuelles Kapital**
Der globale Manager muss verstehen, wie das internationale Geschäft mit seinem länderspezifischen Umfeld, den Bedürfnissen der Kunden und den Strategien der Wettbewerber funktioniert. Weiterhin ist es wichtig, das Risiko für die eigenen Optionen unter Berücksichtigung der fremden Kulturen und der wirtschaftlichen Systeme abzuschätzen.

❏ **Psychologisches Kapital**
Ein weiteres Merkmal für einen international erfolgreichen Manager ist die Offenheit gegenüber neuen Ideen und Erfahrungen, das Erschließen neuer Kulturen und das Experimentieren mit neuen Dingen. Förderlich hierfür ist eine Abenteuerlust gepaart mit dem Selbstvertrauen, auch in außergewöhnlichen Situationen gute Arbeit zu leisten.

❏ **Soziales Kapital**
Auf Sozialwahrnehmung kommt es im internationalen Kontext besonders an, um in Beziehungen mit Menschen fremder Kulturen gut emotional umzugehen sowie soziale Situationen und Beziehungsgeflechte zu erfassen. Mit Sozialmanagement gilt es dann, diese Fähigkeiten für Kooperation, Führung und Verhandlung diplomatisch zu nutzen.

Diese Erfolgsfaktoren für globales Management können dazu dienen, die eigene Positionierung auf dem internationalen Parkett zu bestimmen und darauf aufbauend entsprechende Maßnahmen zur Weiterentwicklung der persönlichen Fähigkeiten und Eigenschaften einzuleiten.

Denke für den internationalen Erfolg global!

5.53 Erfahrung

Da die Kosten mit steigender Erfahrung sinken, benötigen Unternehmen qualifizierte Mitarbeiter. Über Erfahrungen, die ihren Führungsstil besonders geprägt haben, berichten acht Topmanager in dem Artikel „Lektionen des Lebens" [118] mit folgenden Kernbotschaften:

- ❑ **Respekt**
  „Nur wenn Gesprächspartner ein Gefühl füreinander entwickeln, werden sie erfolgreich sein." [Jürgen Hambrecht]

- ❑ **Unabhängigkeit**
  „Halte Abstand zu den vielfältigen Verführungen von Aufstieg, Macht und Amtserhalt." [Thomas Sattelberger]

- ❑ **Durchblick**
  „Zu erkennen, woran eine Sache wirklich hakt, ist für mich das Kernelement des Chefseins." [Karen Heumann]

- ❑ **Loyalität**
  „Schüttele beim Aufstieg jedem die Hand, du könntest sie beim Abstieg wieder brauchen." [Bernhard Schreier]

- ❑ **Vertrauen**
  „Man muss Bankkontakte pflegen – in guten und auch in nicht so guten Zeiten." [Eberhard von Rundstedt]

- ❑ **Empathie**
  „Nur wer auch bei steilem Aufstieg authentisch bleibt, kann im beruflichen Umfeld überzeugen." [Christine Stimpel]

- ❑ **Fürsorge**
  „Die Menschen sind nicht unser größtes Kapital – sie sind unser einziges." [Michelle Peluso]

- ❑ **Sorgfalt**
  „Sich seine Geschäftspartner auszusuchen und auf Vertrauen zu setzen zahlt sich aus." [Christian Brand]

Die Kostenvorteile durch Erfahrung lassen sich konkret mit Hilfe der Erfahrungskurve, die in den 1960er-Jahren von der Boston Consulting Group entwickelt worden ist [125], ermitteln. Und zwar gilt, dass mit jeder Verdoppelung der kumulierten Erfahrung die inflationsbereinigten Kosten der Wertschöpfung um rund 20 bis 30 Prozent sinken.

Vertraue auf Erfahrung!

5.54 Selbstmanagement

Selbstmanagement ist eine Kernkompetenz eines jeden Managers. Denn nur wer sich selbst erfolgreich organisiert, kann auch andere wirkungsvoll führen. Dabei versteht man unter Selbstmanagement bzw. Selbstorganisation die Fähigkeit, die persönliche und berufliche Entwicklung weitgehend selbstbestimmt zu gestalten.

Im Kern geht es darum, das eigene Verhalten mental, emotional und physisch nach dem Modell des kybernetischen Regelkreises mit folgenden Fähigkeiten eigenverantwortlich zu steuern [55]:

- **Zielorientierung**
  Wer keine Ziele hat, ist fremdgesteuert und hat keine besonderen Erfolgserlebnisse. Es mangelt an intrinsischer Motivation.

- **Zielklärung**
  Jeder muss für sich selbst die lohnenswerten Lebensziele klären. Jemand will Berufserfolg oder ein anderer Sozialkompetenz.

- **Prioritätensetzung**
  Es gilt, Wichtiges von Unwichtigem zu unterscheiden und sich bei der Prioritätensetzung nicht zu überfordern.

- **Problemlösung**
  Wichtig ist die Umsetzungskompetenz, um die geplanten Aktivitäten mit dem notwendigen Augenmaß in Ergebnisse umzusetzen.

- **Erfolgskontrolle**
  Wer arbeitet, macht auch Fehler. Diese Fehlschläge sind zu analysieren und mit neuen Lösungsansätzen zu korrigieren.

- **Stressbewältigung**
  Um Stress zu vermeiden, sind Zielabweichungen möglichst gering zu halten und die persönlichen Fähigkeiten ständig zu verbessern.

Dieses Verhalten ist nicht angeboren, sondern für jeden erlernbar. Zielorientierung, Empathie, Timing, Disziplin und Durchhaltevermögen sind wichtig für den Erfolg. Es geht darum, diese Fähigkeiten ständig zu verbessern und konsequent einzusetzen.

Selbstmanagement ist daher weit mehr als Selbstorganisation nach professionellen Methoden. Wer Selbstmanagement beherrscht, ist motiviert, schafft mehr als andere und erreicht seine ambitionierten Ziele.

Sei konsequent bei der Selbstorganisation!

5.55 Networking

Networking, der Aufbau und die Pflege von persönlichen und beruflichen Beziehungsnetzen, ist für jeden Manager die Basis für persönliche Positionierung und nachhaltigen Erfolg.

Während Service- und Business Clubs wie z.B. Lions und Rotary zu den traditionellen Möglichkeiten zählen, soziale Kontakte aufzubauen, gewinnt die Nutzung von Social Media zurzeit mehr und mehr an Bedeutung. Social Media bezeichnen Online-Plattformen und -Applikationen, über die Nutzer miteinander Texte, Kommentare, Fotos und Videos interaktiv kommunizieren können. Macht nun Social Media als Kommunikationsmittel für einen Manager Sinn?

Zur Beantwortung dieser Frage hat Soumitra Dutta [43] ein Portfolio mit den Achsen Aktivität (persönlich und beruflich) sowie Zielgruppe (privat und öffentlich) entwickelt. Durch Kombination der einzelnen Dimensionen ergeben sich vier Quadranten mit folgenden Strategien:

❐ **Persönlich und privat**
Im Quadranten persönlich und privat geht es vor allem darum, sich durch ein Medium wie Facebook mit Familie und Freunden über Interessen und Erlebnisse auf dem Laufenden zu halten.

❐ **Persönlich und öffentlich**
Strategie dieses Quadranten ist es, eigene und fremde Ideen und Standpunkte mit dem gesellschaftlichen Umfeld über Blogs, YouTube und Twitter zu teilen und zu diskutieren.

❐ **Beruflich und privat**
Das Ziel dieses Portfoliobereiches besteht darin, mit Arbeitskollegen über Firmenplattformen produktiver zusammenzuarbeiten und durch eine intensivere Bindung das Arbeitsklima zu verbessern.

❐ **Beruflich und öffentlich**
Dieses Strategiefeld dient dazu, bei Branchenkollegen und Kunden über branchenspezifische Communities den eigenen Bekanntheitsgrad und die persönliche Positionierung zu steigern.

Anhand des Portfolios können Führungskräfte – in Ergänzung zu traditionellen Kommunikationsmöglichkeiten – ihre eigene Web-2.0-Strategie definieren. Dann wird Social Media den Managern eine große Chance bieten, mit überschaubarem Aufwand eine persönliche Marke aufzubauen.

Netzwerke fokussiert mit Social Media!

5.56 Personalplanung

Die Personalplanung schafft die Grundlage dafür, dass die erforderlichen Mitarbeiter zum gewünschten Zeitpunkt mit der benötigten Qualifikation zur Verfügung stehen. Sie umfasst deshalb die Ermittlung des Personalbedarfs in quantitativer, qualitativer, zeitlicher und gegebenenfalls räumlicher Hinsicht sowie die sich daraus ergebenden Maßnahmen [33].

Die Personalplanung hat im Einzelnen folgende Funktionsbereiche [57]:

❑ **Personalbedarfsermittlung**
Ermittlung des erforderlichen Personalbedarfs in quantitativer, qualitativer, zeitlicher und räumlicher Hinsicht.

❑ **Personalbeschaffung**
Rekrutierung von qualifiziertem Personal auf den internen und externen Arbeitsmärkten zur Beseitigung der Unterdeckung.

❑ **Personalentwicklung**
Qualifizierung und Ausbildung der fachlichen, methodischen und sozialen Kompetenzen der entsprechenden Mitarbeiter.

❑ **Personaleinsatz**
Eingliederung der Mitarbeiter in den Leistungsprozess des Unternehmens unter gegebenenfalls Anpassung der Arbeitssysteme.

❑ **Personalfreisetzung**
Einleitung entsprechender Freisetzungsmaßnahmen, um den negativen Personalsaldo aus Bedarf und Bestand zu beseitigen.

❑ **Personalkostenplanung**
Kostenanalyse des Personaleinsatzes (Löhne, Gehälter, Lohnnebenkosten etc.) und Planung der Personalkosten.

Eine gute Personalplanung bietet sowohl für die Mitarbeiter als auch das Unternehmen eine Vielzahl von Vorteilen.

Die Mitarbeiter erhalten eine höhere Arbeitsplatzsicherheit, können ihre individuellen Wünsche nach beruflicher Qualifikation besser verwirklichen und haben mehr Chancen auf dem internen Arbeitsmarkt.

Das Unternehmen verbessert durch nachhaltige Personalpolitik sein Image, kann die personelle Über- bzw. Unterdeckung rechtzeitig beseitigen sowie die Mitarbeiterpotenziale durch richtigen Einsatz, gezielte Qualifikation und höhere Motivation effizienter nutzen – und spart dadurch Kosten.

Perfektioniere die Personalplanung!

5.57 Der beste Chef

„Der beste Chef wird von den Mitarbeitern kaum wahrgenommen. Nicht besonders gut ist es, wenn man ihm unterwürfig gehorcht oder ihn mit Überschwang begrüßt. Schlecht ist es, wenn man ihn verabscheut. Von einem guten Chef, der wirkungsvoll arbeitet, wird man nach vollbrachter Arbeit und erreichten Zielen sagen: ‚Das haben wir ohne ihn geschafft!'"

Diese Weisheit über den besten Chef von Laotse ist heute noch so aktuell wie vor über mehr als zwei Jahrtausenden und kann um die wesentlichen Fähigkeiten und Eigenschaften wie folgt detailliert werden [122]:

- **Vorbild sein**
  Der gute Chef ist für die Mitarbeiter Vorbild, mit dem sie sich identifizieren, an dem sie sich orientieren, für das sie sich begeistern und durch das sie positiv beeinflusst werden.

- **Erfolgserlebnisse generieren**
  Die meisten Mitarbeiter wollen von sich aus gute Leistungen erbringen. Hierzu brauchen sie einen Chef, der sie mit eindeutigen Vorgaben zu Erfolgserlebnissen führt und dadurch motiviert.

- **Konsequent entscheiden**
  Für klare und zügige Entscheidungen gilt: umgänglich in der Form aber konsequent in der Sache. Der gute Chef lässt keinen Zweifel daran, was er von seinen Mitarbeitern erwartet.

- **Ehrlich kommunizieren**
  Mitarbeiter möchten wissen, woran sie sind. Deshalb gewinnt jede Führungskraft Glaubwürdigkeit und Vertrauen bei seinen Mitarbeitern, wenn sie ständig informiert und die Wahrheit sagt.

- **Konflikte meistern**
  Konflikte sind nicht angenehm. Wer diese jedoch als Möglichkeit nutzt, um Veränderungen und Verbesserungen anzupacken, der wird den Konflikt meistern und durch Führungserfolg belohnt.

Jeder Manager steht unvermeidlich im Spannungsfeld zwischen den immensen Leistungsansprüchen der Investoren und den individuellen Zielen der Mitarbeiter. Der beste Chef löst diesen Konflikt zwischen Rendite und Mensch durch zufriedene Eigentümer, motivierte Mitarbeiter und informierte externe Stakeholder. Und jeder kann bester Chef werden, wenn er das will und an sich arbeitet.

Sei der beste Chef!

5.58 Spitzenkräfte

Von Bill Gates stammt die Aussage: „Take our 20 best people away, and I will tell you that Microsoft will become an unimportant company." [52]. Diese Erfolgsgaranten im Unternehmen zu identifizieren und zu binden, zählt zu den wichtigsten Aufgaben der Personalarbeit.

Hierzu hat sich in der Praxis ein einfacher Mitarbeiter-Check, die Personal-Portfolioanalyse, bewährt. Das dabei benutzte Personal-Portfolio hat zwei Dimensionen: einmal die vom Mitarbeiter aktuell erbrachte Leistung und zum anderen das beim Mitarbeiter vermutete Potenzial. Diese beiden Dimensionen werden mit Einzelkriterien detailliert, so dass die Einordnung der einzelnen Mitarbeiter in das Personal-Portfolio mit Hilfe einer Nutzwertanalyse erfolgen kann. Daraus ergeben sich vier Mitarbeitertypen:

- ❏ Spitzenkraft: Hohe Leistung und hohes Potenzial
- ❏ Leistungsträger: Hohe Leistung und geringes Potenzial
- ❏ Talent: Geringe Leistung und hohes Potenzial
- ❏ Problemkraft: Geringe Leistung und geringes Potenzial

Die Personal-Portfolioanalyse wird in vier Schritten durchgeführt:

- ❏ In Schritt 1 werden die Bewertungskriterien der Dimensionen und die zu analysierende Organisationseinheit festgelegt.

- ❏ In Schritt 2 erfolgt die analytische Bewertung der einzelnen Mitarbeiter mit anschließender Positionierung im Ist-Personal-Portfolio.

- ❏ In Schritt 3 wird unter Berücksichtigung der Unternehmensziele das Soll-Personal-Portfolio geplant.

- ❏ In Schritt 4 werden aus einer Stärken-Schwächen-Analyse die Personalmaßnahmen abgeleitet und mit den Mitarbeitern besprochen.

Bei der Optimierung des Personal-Portfolios hat die Mitarbeiterbindung der Spitzenkräfte den höchsten Stellenwert. Für die Bindung von Spitzenkräften reichen jedoch allgemeine Maßnahmen wie z.B. die Verbesserung der Unternehmensreputation und des Betriebsklimas nicht aus.

Für Spitzenkräfte sind insbesondere folgende Motivatoren wichtig [121]:

- ❏ Interessante Aufgaben, da sich Spitzenkräfte über Arbeit definieren.
- ❏ Leistungsorientierte Organisation, um Spitzenergebnisse zu erbringen.
- ❏ Motivierendes Teamklima, da sich Spitzenkräfte im Team wohl fühlen.
- ❏ Berufliche Selbstverwirklichung, um Karrierewünsche zu erfüllen.
- ❏ Private Bedürfnisse, da Spitzenkräfte nicht nur Arbeit lieben.

Binde die Spitzenkräfte ans Unternehmen!

... Wenn der Vertrieb von Mikrochips für Barcode-Scanner olympische Disziplin wäre, wäre ich praktisch ein Medaillen-Kandidat ...

5.59 Talente

Der Erfolg eines jeden Unternehmens wird entscheidend bestimmt durch seine Leistungserbringer, die in einer Zeit des demografischen Wandels, der Globalisierung, anspruchsvoller Wissensarbeit und neuer Qualifikationsanforderungen gefragter denn je sind. Wer in diesem Wettbewerb um die Spitzenkräfte eine Nasenlänge voraus sein will, benötigt ein Talentmanagement-System, das die erfolgskritischen Personalkompetenzen zur Erreichung der Unternehmensziele identifiziert, entwickelt, fördert und bindet.

Dabei beinhaltet ein ganzheitlicher Talentmanagement-Prozess folgende Kernphasen [107]:

- **Talentbedarf definieren**
  Der Talentbedarf ergibt sich qualitativ aus den Anforderungen der erfolgskritischen Geschäftsprozesse, die zu einer außergewöhnlichen Wertschöpfung beitragen, sowie quantitativ durch die strategischen Unternehmensziele und eine kompetenzorientierte Nachfolgeregelung.

- **Talente entdecken**
  Unternehmen haben bei Talentbedarf die Möglichkeit, qualifizierte Mitarbeiter im Rahmen von Förderprogrammen mittelfristig aufzubauen bzw. externe Potenzialträger durch Rekrutierung über verschiedene Talentpools und unter Nutzung sozialer Netze zu gewinnen.

- **Talente entwickeln**
  Während die Stars der Talente, die ihr Potenzialoptimum bereits erreicht haben, nur noch einer Anpassungsfortbildung bedürfen, werden die Talente, die noch Verbesserungspotenzial erkennen lassen, durch individuelle Personalmaßnahmen besonders gefördert.

- **Talente einsetzen**
  Die identifizierten Talente werden durch ein – über einen Zeitraum von etwa zwei Jahren dauerndes – Entwicklungsprogramm individuell qualifiziert. Als zentrales Entwicklungsinstrument hat sich dabei die Übernahme von besonderen Projekten für zukünftige Aufgaben bewährt.

Da sich aufgrund steigender Qualifikationsanforderungen und rückläufiger Hochschulabsolventen die Schere zwischen Nachfrage und Angebot der Leistungserbringer immer weiter öffnet, wird der Wettbewerb um die besten Mitarbeiter immer intensiver. Daher kann es sich ein erfolgreiches Unternehmen nicht leisten, auf Talentmanagement zu verzichten.

Priorisiere das Talentmanagement!

5.60 Ein starkes Team

Eine Organisation besteht aus zahlreichen formellen Gruppen. Dazu zählen z.B. die dauerhaften Gruppen von Mitarbeitern eines Aufgabenbereiches, temporäre Projektgruppen und periodisch zusammenkommende Arbeitsgruppen. Besonders leistungsstarke Gruppen zeichnen sich durch einen Teamgeist aus.

Dieser häufig beschworene Teamgeist beschreibt die Eigenschaft einer Gruppe, in der der Einzelne egoistisch-persönliche Interessen hinter die Ziele der Gemeinschaft stellt. So entsteht ein starkes Wir-Gefühl, das durch wechselseitige Unterstützung geprägt ist und zur Aktivierung der Leistungspotenziale der Einzelnen im Team führt [94].

Eine Gruppe benötigt jedoch eine gewisse Zeit, um ein starkes Team zu werden, und durchläuft dabei in der Regel folgende Phasen [33]:

❑ **Formierungsphase**
Beim ersten Kennenlernen entdecken die Teammitglieder die Verhaltensweisen der anderen und präsentieren eigenes Verhalten. Dies führt zu vorläufigen, spezifischen Rollen und Funktionen im Team.

❑ **Konfliktphase**
In dieser Phase werden Regeln, Arbeitsstile und Andersartigkeit diskutiert. Hierbei trifft vermehrt ein Gerangel um die gewünschte Besetzung der teamspezifischen Rollen wie z.B. Teamführer, Spezialist etc. auf.

❑ **Normierungsphase**
Mit der Zeit werden die Regeln und der Umgang miteinander vereinbart. Es entwickelt sich der innere Zusammenhalt des Teams und durch die Identifikation mit dem Team entsteht ein Wir-Gefühl.

❑ **Leistungsphase**
Wenn die vorangegangenen Phasen erfolgreich durchlaufen wurden, wird ein loyales und produktives Agieren des Teams möglich. Das Team richtet nun seine Energie auf die eigentliche Aufgabenerfüllung.

Die Formierung eines starken Teams ist ein ständiger Prozess, bei dem unterschiedliche Meinungen und Charaktere auf das gemeinsame Ziel fokussiert werden müssen. Dabei werden jedem im Team die gegenseitige Abhängigkeit sowie der Wert seiner Teammitglieder und sein eigener Beitrag im Team bewusst. So entsteht ein starkes Team, das mehr ist als die Summe der einzelnen Mitglieder.

Formiere ein starkes Team!

5.61 Führungsstil

Empirische Untersuchungen zeigen, dass gut geführte Unternehmen schlecht geführten Unternehmen überlegen sind [47]. Führen wird dabei geprägt durch das Verhalten der Führungsperson, die zur Aufgabenerledigung mit ihrem Führungsstil auf die Mitarbeiter zielorientiert einwirkt.

Die meisten Führungstheorien basieren auf den in den 1950er-Jahren entwickelten Ohio State Leadership Quadranten [115], die in Abhängigkeit von der Aufgabenorientierung und der Beziehungsorientierung vier Grundtypen von Führungsstilen beschreiben:

❐ **Bürokratischer Führungsstil**

Der bürokratische Führungsstil (niedrige Beziehungsorientierung und niedrige Aufgabenorientierung) ist geprägt durch strenge Einhaltung der Geschäftsprozesse und damit durch eine stabile Organisation. Die Führungskraft bewegt sich zwischen Bürokrat und Kneifer.

❐ **Mitarbeiterorientierter Führungsstil**

Der mitarbeiterorientierte Führungsstil (hohe Beziehungsorientierung und niedrige Aufgabenorientierung) konzentriert sich auf die Mitarbeiterqualifizierung und -entwicklung. Die Führungskraft steht im Spannungsfeld zwischen Förderer und Gefälligkeitsapostel.

❐ **Autoritärer Führungsstil**

Der autoritäre Führungsstil (geringe Beziehungsorientierung und hohe Aufgabenorientierung) ist auf die zielorientierte Aufgabenerfüllung fixiert. Die Führungskraft wirkt in geeignetem Umfeld als Macher und ohne Blick für das Machbare als Autokrat.

❐ **Kooperativer Führungsstil**

Der kooperative Führungsstil (hohe Beziehungsorientierung und hohe Aufgabenorientierung) zielt auf die gleichgewichtige Beachtung der Bedürfnisse der Menschen und der Anforderungen der Organisation. Die Führungskraft ist entweder Integrierer oder Kompromissler.

Welcher Führungsstil zeichnet erfolgreiche, welcher weniger erfolgreiche Manager aus? Bei der Beantwortung dieser Frage werden die Ohio Leadership Quadranten um weitere Faktoren wie z. B. Aufgabenerledigung, Organisationsstruktur, Mitarbeitermerkmale und Finanzrahmen ergänzt. Der Topmanager muss aus den idealtypischen Führungsstilen angepasst an das Umfeld den richtigen Führungsstil situativ auswählen.

Führe situativ straff-locker!

„Mein Vater hat das so gemacht, mein Großvater,
mein Urgroßvater, mein Ururgroßvater.
Und jetzt kommen Sie, junger Mann."

5.62 Coactive Führung

Erfolgreiche Unternehmen nutzen das Leistungspotenzial ihrer Mitarbeiter durch coactive Führung [37], die nicht nur – wie die tradierten Führungsstile [115] – die Führungsintensität des Vorgesetzten, sondern auch die Ausführungsintensität des Mitarbeiters berücksichtigt.

Denn das Leistungspotenzial eines Mitarbeiters hängt maßgeblich von zwei Faktoren ab: dem Leistungsvermögen, Kompetenz bzw. Fähigkeiten, mal der Leistungsbereitschaft, Engagement bzw. Motivation. Die Mitarbeiter bringen jedoch für die zu erledigenden Aufgaben unterschiedliche Kompetenzen und unterschiedliches Engagement mit. Dies gilt es, zu erkennen und zu Spitzenleistungen zu managen.

Die Führungskraft führt da, wo sie Defizite beim Mitarbeiter feststellt. In den Fällen hohen Leistungsvermögens und hoher Leistungsbereitschaft würde hohe Führungsintensität die Vergeudung von Managementressourcen bedeuten.

Zur optimalen Kombination von Führungs- und Ausführungsintensität unterscheidet die coactive Führung folgende vier Führungsstrategien:

- ❏ **Integrieren**
  bei niedrigem Leistungsvermögen und niedriger Leistungsbereitschaft
- ❏ **Fördern**
  bei niedrigem Leistungsvermögen und hoher Leistungsbereitschaft
- ❏ **Fordern**
  bei hohem Leistungsvermögen und niedriger Leistungsbereitschaft
- ❏ **Delegieren**
  bei hohem Leistungsvermögen und hoher Leistungsbereitschaft

Je höher die Ausführungsintensität des Mitarbeiters ist, umso niedriger kann die Führungsintensität sein. Insofern führt jede Maßnahme der Qualifikation oder Motivation zu einer Entlastung der Führungskraft. Das bedeutet zugleich, dass die optimale Leistungsspanne wächst, da die Führungsintensität pro Mitarbeiter sinkt.

Die coactive Führung bietet einen ganzheitlichen Rahmen für Personalführung, die die Bedürfnisse von Mitarbeitern und Führungskraft gleichermaßen berücksichtigt. Führungsintensität und Ausführungsintensität verbinden Führungskraft und Mitarbeiter zu einem coactiven Team.

Steigere die Leistung durch coactive Führung!

„Dabei ist jeder von ihnen ein Super-Talent… ."

5.63 Führungstechniken

Mitarbeiterführung vollzieht sich stets in den Phasen des Management-Regelkreises: zielsetzen, planen, entscheiden, durchführen, erheben und bewerten. Daraus sind Führungstechniken entstanden, die die Besonderheit der jeweiligen Phase des Management-Regelkreises in den Mittelpunkt des Führens stellen [33]:

❒ **Management by Objectives**
Diese Führungstechnik stellt das Vereinbaren von Zielen, die sich aus den visionären und strategischen Zielen einer Organisation ableiten, in den Mittelpunkt des Führungsprozesses.

❒ **Management by Systems**
Bei dieser Managementtechnik erfolgt die Steuerung von Arbeitsabläufen – teilweise automatisiert – mit geringem Aufwand. Sogenannte Frühwarnsysteme übernehmen selbstständig Kontrollfunktionen.

❒ **Management by Motivation**
MbM weckt bei den Mitarbeitern die Bereitschaft zu Bestleistungen. Die durch die Führungskraft initiierte Motivation sollte sich langfristig in eine intrinsische Arbeitsmotivation wandeln.

❒ **Management by Delegation**
Dieses Führungsprinzip geht von einer Aufgaben- und Kompetenzverlagerung von einer oberen zur nächstniederen Hierarchiestufe aus, die über die entsprechende Sachkenntnis verfügt.

❒ **Management by Results**
Alle Managemententscheidungen sind darauf ausgerichtet, ein bestmögliches Ergebnis für den Kunden zu erzielen. Jeder Aufwand, der dazu keinen sinnvollen Beitrag leistet, ist abzubauen.

❒ **Management by Exception**
Führen durch Eingriffe im Ausnahmefall bedeutet, dass die Führungskraft nicht in plangerecht verlaufende Prozesse, sondern nur bei Abweichungen von den Soll-Werten korrigierend eingreift.

Die Führungstechniken machen auf Wirkungszusammenhänge aufmerksam und geben konkrete Handlungshilfen. Sie stellen jedoch für sich allein kein Patentrezept für alle Probleme der Personalführung dar. Sie sind erst in einer sinnvollen Kombination effektiv, weil jeder Prozess der Personalführung stets alle Phasen des Regelkreises berührt.

Setze Führungstechniken in Kombination ein!

5.64 Betriebsklima

Das Betriebsklima ist nach Lutz von Rosenstiel [126] „... die Qualität der sozialen Beziehungen innerhalb der Organisation und der diese prägenden Bedingungen, wie sie von der Belegschaft wahrgenommen und bewertet werden und deren Verhalten mit prägen."

Ein gutes Betriebsklima erleichtert und ein schlechtes Betriebsklima erschwert die Geschäftstätigkeit. „Als gut wird das Betriebsklima von den Beschäftigten empfunden [70], wenn

❑ die Arbeit Spaß macht,

❑ die Zusammenarbeit mit den Kolleginnen und Kollegen funktioniert,

❑ das Verhältnis zu den Vorgesetzten entspannt ist.

Als schlecht wird es empfunden, wenn

❑ sich die Beschäftigten von der Arbeit über- oder unterfordert fühlen,

❑ die Zusammenarbeit durch Konflikte behindert wird,

❑ zwischen Vorgesetzten und Mitarbeitern das Verständnis fehlt."

Das Betriebsklima wird durch folgende vier Dimensionen bestimmt [70]:

❑ **Machtverhältnisse**
Durch eine Arbeitsorganisation nach sozialen Gesichtspunkten erweitert sich der Handlungsspielraum des Einzelnen, sodass es zu einem fairen Interessenausgleich der Machtverhältnisse kommt.

❑ **Vertrauensverhältnisse**
Das Vertrauen wird im Unternehmen durch Regeln wie z.B. Leitbild, Stellenbeschreibungen, Arbeitsanweisungen etc. gestärkt, an deren Einhaltung sich alle Bediensteten moralisch verpflichtet fühlen.

❑ **Anerkennungsverhältnisse**
Anerkennung und Kritik müssen von gegenseitiger Wertschätzung der Vorgesetzten und Mitarbeiter getragen sein. Diese Rückmeldung dient den Einzelnen als Orientierung für zukünftiges Verhalten.

❑ **Verständigungsverhältnisse**
Das Betriebsklima kann nicht einseitig angeordnet werden. In einem mehrseitigen Kommunikationsprozess sind Entscheidungen zu diskutieren, damit diese besser verstanden und akzeptiert werden.

Die Gestaltung eines guten Betriebsklimas ist eine große Herausforderung für das Personalmanagement.

Sorge für ein gutes Betriebsklima!

5.65 Motivation

Jedes menschliche Verhalten im Privat- und Berufsleben erklärt sich aus geistig-seelischen Beweggründen, sogenannten Motiven. Unter Motiv versteht man das Bedürfnis, einen Bedarf im Sinne eines Mangels zu decken.

Das menschliche Verhalten ist daher auf Ziele gerichtet, deren Erreichung mit der Befriedigung der Motive verbunden ist. Dabei übt ein Motiv so lange einen Einfluss auf das Verhalten des Individuums aus, wie die Befriedigung anhält. Mit Erreichung der Befriedigung verliert das Motiv an Attraktivität, bzw. mit dem Nichterreichen der Befriedigung arbeitet das Individuum verstärkt auf das entsprechende Ziel hin.

Die Bedürfnisse, aus denen sich konkrete Zielvorstellungen als Motive entwickeln lassen, ergeben sich zunächst aus dem Bedarf des menschlichen Körpers nach Nahrung, Kleidung und Wohnung. Daneben hat der Mensch aufgrund sozialer Motive das Bedürfnis, zu anderen Individuen in Beziehung zu treten. Das Bedürfnis nach Selbstverwirklichung äußert sich in dem Streben, sich an schwierigen Aufgaben zur persönlichen Genugtuung zu messen.

Der Psychologe Abraham H. Maslow [79] stellte dazu eine Theorie auf, die die Gesetzmäßigkeit für die Verhaltensbestimmung der einzelnen Motive beschreibt, die Maslowsche Bedürfnispyramide:

5. Selbstverwirklichung: Entwicklung der eigenen Anlagen

4. Individualbedürfnisse: Selbstvertrauen, Macht, Kompetenz

3. Soziale Bedürfnisse: Familie, Geborgenheit in der Gesellschaft

2. Sicherheitsbedürfnisse: Einkommen, Lebensverhältnisse

1. Physiologische Bedürfnisse: Nahrung, Schlaf, Wohnung, Kleidung

Nach Maslow entwickeln sich die Bedürfnisse in der Reihenfolge vom niederen zum höheren Motiv. Das heißt, eine Motivklasse kann erst dann einen dominanten Einfluss auf das menschliche Verhalten gewinnen, wenn alle Bedürfnisse der niederen Motivklassen befriedigt sind. So erlangt das Bedürfnis nach Zugehörigkeit erst dann eine entscheidende Bedeutung, wenn die physiologischen Bedürfnisse und das Sicherheitsbedürfnis ausreichend befriedigt sind.

Motivation besteht nun darin, das menschliche Verhalten durch Vorgabe der richtigen Zielsetzungen, mit deren Lösung die Befriedigung individueller Bedürfnisse verbunden ist, zu steuern.

Steuere das Verhalten der Mitarbeiter über Motivation!

„Können Sie noch 'n Moment warten,
ich bin gerade überhaupt nicht motiviert… ."

5.66 Kompetenzmanagement

Jedes Unternehmen benötigt zur Erledigung der Geschäfte kompetente Mitarbeiter mit folgenden individuellen Fähigkeiten und Fertigkeiten:

- **Fachliche Kompetenz**
  umfasst kontextspezifische Fähigkeiten wie z.B. Wissen, Erfahrung und Leistungsfähigkeit zur Bewältigung der Arbeitsaufgaben.

- **Methodische Kompetenz**
  bedeutet instrumentelle Fähigkeiten wie z.B. Strukturierungs- und Organisationstechniken zur Lösung von Aufgaben.

- **Personale Kompetenz**
  beinhaltet emotionale Fähigkeiten wie z.B. Selbstwahrnehmung und Selbstmanagement zum besseren Umgang mit sich selbst und anderen.

- **Soziale Kompetenz**
  ist der Umgang mit Emotionen und sozialen Beziehungsgeflechten zur reibungslosen Kooperation, Führung, Verhandlung und Schlichtung.

Welche Kompetenzen benötigt ein Unternehmen? Über welche Kompetenzen verfügen die Mitarbeiter? Wie kann der Kompetenzbestand verbessert werden? Diese Fragen beantwortet u.a. das Kompetenzmanagement [100] mit folgenden Elementen:

- **Anforderungsprofile**
  Das Anforderungsprofil beschreibt pro Stelle die erforderlichen Kompetenzen in gewichteter Form, die zur möglichst guten Aufgabenerfüllung im Unternehmen benötigt werden.

- **Befähigungsprofile**
  Das Befähigungsprofil eines Mitarbeiters zeigt – anhand der Kriterien der Anforderungsprofile – dessen tatsächliche Fähigkeiten und Eigenschaften mit Einschätzung der Stärken und Schwächen.

- **Fortbildung**
  Ein Vergleich der Befähigungsprofile mit den Anforderungsprofilen macht den Fortbildungsbedarf des Unternehmens deutlich, der mit Hilfe eines Personalentwicklungsprogramms behoben wird.

Kompetenzmanagement schafft somit die Voraussetzung für die Zukunftsfähigkeit des Unternehmens und für die Betätigungsfelder, in denen sich die Mitarbeiter mit ihrem Potenzial entfalten können.

Betreibe Kompetenzmanagement!

„... und wie steht es mit Englisch, Französisch,
Spanisch, Italienisch, Russisch und so... ?"

5.67 Mitarbeiterbeurteilung

Die Mitarbeiterbeurteilung, die das gezeigte Verhalten und die erbrachte Leistung eines Mitarbeiters bewertet, ist ein wirkungsvolles Führungsinstrument zur Leistungsverbesserung und zur Mitarbeiterförderung. Diese Rückkopplung findet durch dienstlich festgelegte Beurteilungsgespräche oder durch häufig an Ort und Stelle geäußerte Anerkennung und Kritik regelmäßig statt [33].

Was bedeutet die Beurteilung für den Vorgesetzten?

❏ Der Vorgesetzte nimmt seine Führungsfunktion intensiver wahr. Eine aussagefähige Beurteilung erfordert ständige Beobachtung und wechselseitige Aussprache zwischen Vorgesetztem und Mitarbeiter.

❏ In der Beurteilung legt der Vorgesetzte seine Vorstellungen über den Mitarbeiter schriftlich fest. Dies fördert das Verantwortungsbewusstsein.

❏ Die Zielvorstellungen treten klar hervor. Im Beurteilungsgespräch weist der Vorgesetzte den Mitarbeiter auf Stärken und Schwächen hin.

❏ Das Führungsverhalten erhält zusätzliche kooperative Elemente. Der Vorgesetzte berät den Mitarbeiter. Er unterstützt (gemeinsam festgestelltes) richtiges Verhalten und hilft (gemeinsam festgestelltes) falsches Verhalten zu ändern.

Was bedeutet die Beurteilung für den Mitarbeiter?

❏ Der Mitarbeiter erhält gezielte Informationen über sein Verhalten. In regelmäßigen Abständen erfährt er, ob und inwieweit er die Anforderungen seines Aufgabenbereichs erfüllt.

❏ Das kooperative Gespräch zwischen Mitarbeiter und Vorgesetztem fördert das Vertrauensverhältnis.

❏ Mitarbeiter und Vorgesetzter streben eine gezielte berufliche Förderung an. Sie heben die Fähigkeit des Mitarbeiters hervor und fördern das Vertrauensverhältnis.

❏ Der Mitarbeiter wird seinen Fähigkeiten entsprechend eingesetzt. Er gewinnt eine verstärkte Arbeitsmotivation.

Eine wesentliche Aufgabe der Mitarbeiterbeurteilung ist es, durch Offenheit und Klarheit möglichst weitgehende Objektivität zu sichern, das gegenseitige Vertrauen zwischen Vorgesetzten und Mitarbeitern zu fördern und damit unnötige Reibungsverluste zu vermeiden.

Beurteile die Mitarbeiter regelmäßig!

5.68 Lebenslanges Lernen

Die Chancen eines Unternehmens und des Einzelnen hängen von zukunftsfähigem Wissen ab, durch das Wachstum und Erfolg generiert werden können. Hierbei kommt es jedoch zu einem Dilemma: Während einerseits das Wissen insgesamt – mit einer Verdoppelung in etwa fünf Jahren – rasant wächst, vergisst andererseits der Mensch – in einem Tag mehr als die Hälfte der erlernten Informationen und Einzelheiten – relativ schnell.

Da sich somit die Schere zwischen dem expliziten Wissen insgesamt sowie den Kenntnissen, Fertigkeiten und Kompetenzen des Einzelnen immer weiter öffnet, wird die Nutzung dieses Wissenszuwachses für pragmatisches Handeln zunehmend schwieriger. Und der Einzelne kann sich nicht mehr auf seinem einmal erlernten Wissen ausruhen, sondern muss seine Informationskompetenz über ein mehr als dreißig bis vierzig Jahre langes Berufsleben auf hohem Niveau halten. Diese Auswirkungen sollen u.a. durch lebenslanges Lernen, das das Erfolgspotenzial für die Zukunft ist, bewältigt werden.

Für lebenslanges Lernen hat die Europäische Gemeinschaft Kompetenzen definiert [45], die alle Menschen für ihre persönliche Entwicklung, soziale Integration, aktive Bürgerschaft und Beschäftigungsfähigkeit benötigen. Dieser Referenzrahmen, der auch für die Personalentwicklung von Organisationen gilt, umfasst folgende acht Schlüsselkompetenzen:

❒ Muttersprachliche Kompetenz
❒ Fremdsprachliche Kompetenz
❒ Mathematische Kompetenz und grundlegende naturwissenschaftlichtechnische Kompetenz
❒ Computerkompetenz
❒ Lernkompetenz
❒ Soziale Kompetenz und Bürgerkompetenz
❒ Eigeninitiative und unternehmerische Kompetenz
❒ Kulturbewusstsein und kulturelle Ausdrucksfähigkeit

Diese Schlüsselkompetenzen, die alle zum Erfolg in unserer globalen Wirtschaft beitragen, sind eine wichtige Orientierung für das Lernen. Während bei jungen Erwachsenen die Aus- und Weiterbildung sowie bei Erwachsenen die allgemeine und berufliche Weiterbildung eine Rolle spielen, kommt es bei älteren Erwachsenen insbesondere auf den Erhalt vorhandener Fähigkeiten und Fertigkeiten an.

Verwirkliche lebenslanges Lernen!

5.69 Wissensmanagement

Viele Unternehmen lassen einen ihrer wichtigen Wettbewerbsfaktoren – ihr Wissen – nicht mehr ungenutzt. Sie beschäftigen einen Wissensmanager, der für das Wissensleitbild, die Wissensziele und das Wissensmanagement – mit den Gestaltungsfeldern Technologie, Organisation und Mensch – im Unternehmen verantwortlich ist.

Vom Wissensmanager sind – abhängig von der Rolle im Unternehmen – u.a. folgende Aufgaben zu erfüllen [123]:

- ❏ Den Umgang mit Wissen im Unternehmen formulieren
- ❏ Den Wissensaustausch durch Wissensnetzwerke fördern
- ❏ Eine Wissensbilanz für das Unternehmen aufstellen
- ❏ Interne Kommunikationsprozesse analysieren
- ❏ Kommunikationskonzepte entwickeln
- ❏ Kritische Informationsbedarfe des Unternehmens identifizieren
- ❏ Die Wissensmanagement-Strategie umsetzen
- ❏ Wissensmanagement-Methoden und -Werkzeuge (Content Management, Dokumentenmanagement und Groupware) implementieren
- ❏ Wissensprozesse mit Intranet-Unterstützung aufbauen
- ❏ Relevante Informationen aus internen und externen Quellen aufbereiten
- ❏ Innovationsprozesse in Forschung und Entwicklung unterstützen
- ❏ Wissensmanagement-Projekte durchführen

Diese komplexen Aufgaben kann am besten ein Wissensmanager mit einem interdisziplinären Grundverständnis wahrnehmen, der die modernen Wissensmanagementtheorien sowie Informations- und Kommunikationstechnologien kennt, Wissensmanagement in den Geschäftsprozessen unternehmensübergreifend verankert und die einzelnen Mitarbeiter des Unternehmens im Sinne einer lernenden Organisation koordiniert.

Der Wissensmanager muss, um den anspruchsvollen Aufgaben gerecht zu werden, unternehmensübergreifend tätig werden können und dazu entsprechend organisatorisch positioniert werden. Abhängig von der Unternehmensgröße und dem Entwicklungsstand des Wissensmanagements kann die Positionierung als Stabsstelle auf der ersten Leitungsebene oder als verantwortlicher Chief Knowledge Officer in der Geschäftsleitung bzw. eines Querschnittsbereiches erfolgen. Die Integration des Wissensmanagers in einer Unternehmensabteilung wie z.B. Personal, Organisation, IT etc. macht dagegen keinen besonderen Sinn.

Nutze Wissen als wichtigen Wettbewerbsfaktor!

5.70 Personalentwicklung

Die Personalentwicklung von Mitarbeitern dient der Anpassung des zur Verfügung stehenden menschlichen Leistungspotenzials an die sich wandelnden Anforderungen [33].

Ursache hierfür sind in erster Linie technische Innovationen mit der sich daraus ergebenden Umstrukturierung von Aufbau- und Ablauforganisation. So veraltet ein einmal erworbener Wissensstand in wenigen Jahren mit der Folge sinkender Leistungsfähigkeit.

Die Personalentwicklung greift in allen Lebenszyklusphasen eines Mitarbeiters in einer Organisation mit Fortbildungsmaßnahmen ein.

❐ **Einführungsfortbildung**
Die Einführungsfortbildung soll den Mitarbeiter in der Einführungsphase möglichst rasch auf das gewünschte Leistungsniveau bringen. Ziele der Einführungsfortbildung sind dabei, einen Überblick über die Organisation, die Aufgabenabgrenzung und die Mitarbeiter zu gewinnen sowie die besonderen Arbeitsmittel wie z. B. die IT-Technik des Arbeitsplatzes kennenzulernen.

❐ **Anpassungsfortbildung**
Durch Anpassungsfortbildung soll erreicht werden, dass das Wissen und Können der Mitarbeiter auch bei veränderten und gestiegenen Anforderungen für die Aufgabenerledigung ausreicht. Häufig werden folgende Ziele angestrebt, das Fachwissen anlässlich neuer Entwicklungen zu aktualisieren, Spezialkenntnisse in Expertengruppen zu vertiefen sowie neue Techniken einzuüben.

❐ **Aufstiegsfortbildung**
Die Aufstiegsfortbildung dient der Vermittlung von Wissen, Können und Verhaltensweisen für höhere Anforderungen zum Zweck der späteren Beförderung. Inhalte dieser Förderungsmaßnahmen können sein, die Befähigung zur Ausübung aller Leitungs-, Entscheidungs- und Kontrollfunktionen im jeweiligen Fachbereich zu erwerben sowie die Gesprächs- und Verhandlungsführung zu verbessern.

Die Fortbildungsmaßnahmen können sowohl als Training on the job, das die größtmögliche Praxisorientierung bietet, als auch als Training off the job, das in Lehrgängen, Seminaren und Workshops außerhalb der Arbeitsumgebung stattfindet, durchgeführt werden.

Fördere die Mitarbeiter durch permanente Fortbildung!

5.71 Coaching

Coaching ist ein modernes Personalentwicklungsinstrument, mit dem Personen ihre Aufgaben, Probleme und Herausforderungen durch Gespräche mit einem Coach kurzfristig und effektiv lösen können. Dabei fördert der Coach durch entsprechende Intervention die Selbststeuerungs-Fähigkeit der Person, so dass Coaching als Hilfe zur Selbsthilfe wirkt.

Coaching erfordert eine vertrauensvolle Beziehung zwischen Coachee und Coach, die auf Freiwilligkeit, Verschwiegenheit sowie Offenheit und Gleichberechtigung der Beteiligten fußt. Zentraler Erfolgsfaktor für eine Coachingmaßnahme ist die Kompetenz des Coaches, der den Coachee mit breiter Berufs- und Lebenserfahrung in einem strukturierten Coachingprozess zielorientiert mit Empathie zur Lösung führt.

Thomas Bachmann, Anne Jansen und Eveline Mäthner [2] haben in einer empirischen Studie folgende Coachinganlässe ermittelt:

❏ **Führung (38 %)**
Führungscoaching ist erste Priorität beim Topmanagement und umfasst die Bewältigung von Führungsaufgaben und Change Projekten sowie Schwierigkeiten mit Mitarbeitern und bei der Nachfolgeregelung.

❏ **Berufliche Probleme (32 %)**
Coaching von beruflichen Problemen wird in Anspruch genommen bei Burn-Out, Stress, Zielkonflikten, Entscheidungsschwäche sowie bei Problemen mit der eigenen Rolle und mit Personen.

❏ **Weiterentwicklung (15 %)**
Fragen der Weiterentwicklung wie Feedback über Stärken und Schwächen, Zielfindung, Persönlichkeitsentwicklung und sicheres Auftreten sind im Fokus von mittlerem und unterem Management.

❏ **Berufliche Orientierung (15 %)**
Bei Selbstständigen steht das Coaching bei der beruflichen Orientierung mit Bearbeitung der beruflichen Vergangenheit, Stellenwechsel und Nutzung der persönlichen Stärken im Vordergrund.

Wer vor lauter Bäumen den Wald nicht sieht, oder wem ein Gesprächs- und Reflexionspartner auf Augenhöhe fehlt, dem kann ein professioneller Coach weiterhelfen. Diese Einzelcoachings sind Vier-Augen-Gespräche, die in der Regel zwei Stunden dauern. Üblich sind fünf bis zehn Sitzungen, die sich über einen Zeitraum von drei bis zwölf Monaten erstrecken.

Kontaktiere bei Gesprächsbedarf einen Coach!

„Haben Sie es schon mal mit
der anderen Hirnhälfte probiert?"

5.72 Zeitmanagement

Der Tag hat für jeden Menschen 24 Stunden. Während der eine jede Minute nutzt, vergeudet der andere dieses kostbare Gut. Um die eigene Zeit erfolgreich zu nutzen, kategorisiert das Eisenhower-Prinzip die zu erledigenden Aufgaben nach zwei Kriterien: Wichtigkeit und Dringlichkeit. Durch Kombination dieser beiden Kriterien ergeben sich vier Quadranten mit unterschiedlichen Bearbeitungsstrategien:

- ❐ wichtig und dringlich: sofort selbst erledigen
- ❐ wichtig und nicht dringlich: terminieren und selbst erledigen
- ❐ nicht wichtig und dringlich: delegieren
- ❐ nicht wichtig und nicht dringlich: nicht bearbeiten

Weiterhin empfiehlt Seiwert [108] zur Zeitgewinnung folgende 10 Regeln:

1. **Zielen**
   Sein tägliches Tun an den eigenen Zielen ausrichten!

2. **Vorbereiten**
   Zeit für Unerwartetes und Routine einplanen!

3. **Prioritäten setzen**
   Wichtiges zuerst tun – Unwichtiges lassen!

4. **Zusammenfassen**
   Gleichartige Aufgaben in je einen Zeitblock packen!

5. **Vereinfachen**
   Schwierige Aufgaben in kleine Schritte aufteilen!

6. **Andere tun lassen**
   Delegieren und Zeit-Diebe freundlich abwehren!

7. **Abschirmen**
   Nicht immer für alle erreichbar sein wollen!

8. **Rücksicht nehmen**
   Kein Verlegen, kein Verspäten, kein Überziehen!

9. **Telefonieren**
   Statt zu stören die passende Zeit erfragen!

10. **Erfolge genießen**
    Sich selbst und andere belohnen

Gerade in Zeiten von Handy und E-Mail ist Zeitmanagement der Erfolgsschlüssel, um Zeit für das eigene Wohlergehen zu schaffen. Denn ein Manager, der fit ist, erreicht auch mehr.

Nutze die Zeit!

5.73 Stressmanagement

Jeder Mensch kennt Stress, der aufgrund von Anforderungen – sogenannten Stressoren – einen Spannungsdruck erzeugt. Dieser Spannungsdruck wird von den Einzelnen subjektiv unterschiedlich mit positiven und negativen Reaktionen für Körper, Verhalten, Denken und Fühlen wahrgenommen. Dabei durchläuft das Stressgeschehen drei Phasen [58]:

❐ **Stressoren**

Stressoren führen zu belastenden Situationen und Anforderungen. Diese können physikalische Belastungen wie z.B. körperliche Arbeit, Lärm, Hitze etc., psychische Belastungen wie z.B. Termindruck, Konflikte, Misserfolge etc. oder schwerwiegende Lebensereignisse sein.

❐ **Stresswahrnehmung**

Wie der Einzelne diese Stressoren wahrnimmt, hängt von den situativen Anforderungen und der individuellen Bewertung ab. Der eine empfindet die Stressoren als positiv wirkenden Spannungszustand als Eustress, für den anderen ist es ein negativ wirkender Spannungszustand, sogenannter Disstress.

❐ **Stressreaktionen**

Die Stressreaktionen machen den menschlichen Organismus in Zeiten hoher Beanspruchungen besonders leistungsfähig. Deshalb ist kurzzeitige Belastung auch kein Problem. Gefährlich ist jedoch Dauerstress, der den Menschen unter dauerndem Druck hält und zu körperlichen und seelischen Krankheiten führen kann.

Dauerstress, der Körper und Seele schadet, reduziert das Leistungsvermögen und die Leistungsbereitschaft. Daher sollte jeder Manager krankmachende Stresssituationen möglichst vermeiden bzw. Dauerstress mit professionellen Problemlösungen positiv bewältigen.

Prophylaktisch kann dabei ein Manager durch eine gesundheitsfördernde Führung Stressquellen – wie z.B. Arbeitsaufgaben, Arbeitsumgebung und Arbeitsorganisation – ausschalten bzw. verringern und so Einfluss auf das Befinden der Mitarbeiter nehmen.

Zur Stressbewältigung ist es wichtig, das emotionale Gleichgewicht relativ schnell – ohne Eskalation der Situation – herzustellen. Sport, Bewegung, Wellness, Freizeitaktivitäten und soziale Kontakte sowie ein positives Selbstbild und Denken sind dabei hilfreich.

Gehe positiv mit Stress um!

5.74 Anpassungsfähigkeit

Die Welt von heute verändert unser privates und berufliches Leben schneller, als uns manchmal lieb ist. Dabei ist es unerheblich, ob diese Veränderungen positiv oder negativ für uns sind. Da dieser Wandel jedoch unausweichlich ist, muss sich jeder Einzelne an diese veränderten Anforderungen und Gegebenheiten anpassen.

Wer sich auf diese veränderten Rahmenbedingungen nicht einstellt, hat über kurz oder lang Probleme. Bei Eheleuten, die sich im privaten Bereich nicht anpassen, kommt es zum Streit und eventuell zur Trennung. Wenn sich im beruflichen Bereich ein Angestellter mit seinem Vorgesetzten nicht arrangieren kann, führt dies zu Auseinandersetzungen bis hin zur Kündigung. Um solche Probleme zu vermeiden, muss jeder anpassungsfähig und kompromissbereit sein.

Bei der Anpassungsfähigkeit geht es nicht darum, die eigene Persönlichkeit zu verbiegen, sondern durch Lernen das eigene Verhalten anzupassen. Wichtig ist dabei, den möglichen Handlungsspielraum zu erkennen und konstruktiv zu gestalten. Wenig Sinn macht es dagegen, Energie durch Ärger über Dinge zu vergeuden, die man so wie so nicht ändern kann. Diese beiden Wege der Anpassung beschreibt Reinhold Niebuhr folgendermaßen [86]:

„Gebe Gott mir
die Gelassenheit,
Dinge hinzunehmen, die ich nicht ändern kann,
den Mut,
Dinge zu ändern, die ich ändern kann,
und die Weisheit,
das eine vom anderen zu unterscheiden."

Ein anpassungsfähiger Mensch wird Egoismus, Stolz und Selbstsucht überwinden sowie unfreundliche Worte über andere vermeiden. Er sollte mit allen Kontakt pflegen sowie die Bedürfnisse und Handlungsweisen der anderen verstehen und sich dementsprechend kompromissbereit verhalten. So wird er mit allen Herausforderungen zurechtkommen. Und die Anpassungsfähigkeit verleiht dann unermessliche Stärke, enorme Willenskraft und grenzenlose Freude [112].

Anpassungsfähigkeit ist daher eine erstrebenswerte Eigenschaft, um Erfolg im Leben zu haben.

Sei anpassungsfähig und anpassungsbereit!

5.75 HR-Trendmanagement

Die aktuellen HR-Studien [53] [104] [78] kommen übereinstimmend zu dem Ergebnis, dass das Personalmanagement in den nächsten Jahren durch die Megatrends, demografischer Wandel und Wertewandel, besonders geprägt werden wird.

Diese Entwicklung erfordert eine stärkere strategische Orientierung der Personalarbeit mit spezieller Fokussierung auf das Human Capital des Unternehmens. Der Personaler wird zum HR-Businesspartner, der das Kerngeschäft kennt und in personalwirtschaftliche Fragestellungen der Unternehmensstrategie eingebunden ist und diese löst.

Diese Veränderungen haben im HR-Bereich folgende Auswirkungen:

❐ **HR-Strategie**
Wesentliche Personalaufgaben sind zukünftig die Erhaltung und Förderung des Mitarbeiter-Engagements, die Bindung der strategisch wichtigen Mitarbeitergruppen an das Unternehmen, das Employer Branding und eine systematische Führungskräfteentwicklung.

❐ **HR-Organisation**
Zur professionellen Wahrnehmung der strategischen Rolle muss der HR-Bereich die administrativen Grundarbeiten wie z.B. Personalverrechnung und Altersvorsorge durch Outsourcing bzw. Shared Service Center von der inhaltlichen Entwicklung der Personalarbeit trennen.

❐ **HR-Mitarbeiterkompetenzen**
Eine funktionale Spezialisierung ist heute selbst in größeren Unternehmen nur schwer möglich. Gefragt sind dagegen geschäftsverstehende Generalisten mit breitem Wissen und Veränderungskompetenz, die auf Augenhöhe mit den Geschäftsbereichen agieren.

❐ **HR-Informationstechnik**
Da die IT-Implementierung bei den HR-Leitern eine hohe Priorität hat, scheint das Automatisierungspotenzial noch nicht ausgeschöpft zu sein. Den höchsten Standardisierungsgrad haben derzeit die Personalverrechnung, die Personalstammdatenverwaltung und das HR-Controlling.

Personalmanager, die HR-Trendmanagement betreiben, können frühzeitig neue Ideen für ein innovatives Personalmanagement entwickeln und geeignete Maßnahmen einleiten, um dem Unternehmen einen Mehrwert und Wettbewerbsvorteile zu verschaffen.

Folge den Human Resources Trends!

„Sind wir hier auf einer Demo für Teilzeitkräfte?"

Eine Investition in Wissen
bringt immer noch die besten Zinsen.

Benjamin Franklin

6. Die Geschäfte mit den richtigen Investments machen

Der Wandel auf den internationalen Kapitalmärkten, Veränderungen des Unternehmenserfolges und neue Finanzierungsmöglichkeiten machen ein Überdenken der finanziellen Ressourcen ständig erforderlich.

Erfolgreiche Unternehmen optimieren den Einsatz ihrer Investments mit Return on Capital Employed (ROCE) und richten sich damit systematisch und kontinuierlich auf die Steigerung des Unternehmenswertes aus.

Dabei sind folgende Faktoren (siehe Abbildung 7) zu berücksichtigen:

- ❏ Ergebnissituation
  Werden die eingesetzten Investments adäquat verzinst?

- ❏ Liquiditätsspielraum
  Ist die Zahlungsfähigkeit langfristig gesichert?

- ❏ Kapitalstruktur
  Ist der Finanzierungsmix optimal?

- ❏ Investitionspotenzial
  Werden die Investments auf die Kernkompetenzen fokussiert?

Manager nutzen diese Faktoren, um den Unternehmenswert zu steigern und somit die Weichen für profitables Wachstum zu stellen.

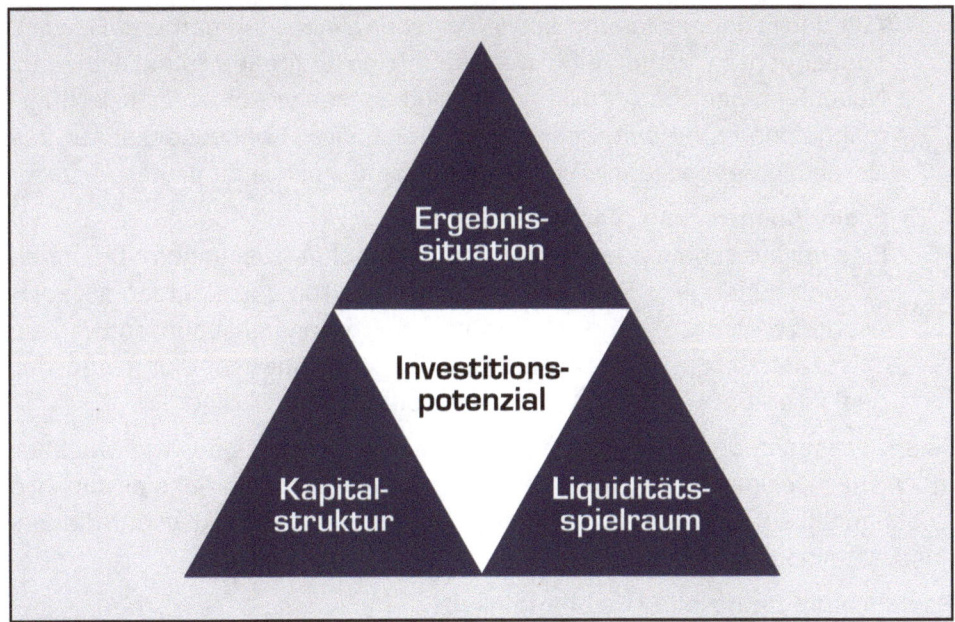

Abbildung 7: Finanzielle Ressourcen

6.76 Finanzielle Unabhängigkeit

Veränderungen des Unternehmenserfolges, Verschiebungen der wirt-schaftlichen Rahmenbedingungen und neue Finanzierungsmöglichkeiten machen ein kritisches Überdenken der zukünftigen Vermögensstruktur des Unternehmens und deren Finanzierung ständig erforderlich. Um dabei die Zahlungsfähigkeit des Unternehmens unter Wahrung der finanziellen Unabhängigkeit sicherzustellen, macht nachfolgendes Vorgehen Sinn:

❐ **Laufendes Geschäft abschätzen**

Voraussetzung für die kurzfristige Liquiditätsplanung ist, dass man die wichtigen Erträge und Kosten nicht nur für die Vergangenheit erfasst, sondern auch für die Zukunft plant. Dabei ist eine getrennte Voraussage der Umsätze und laufenden Kosten für die wichtigen Geschäftsbereiche empfehlenswert, so dass eine aussagefähige Erfolgsplanung entsteht.

❐ **Investitionen vorsehen**

Eine frühzeitige Planung der Investitionsbudgets lässt erkennen, inwie-weit die Unternehmung ihre Zukunftsaufgaben aus eigener Kraft bewältigen kann. Meist zeigt sich, dass die vorgesehenen Investitionen aus den laufenden Überschüssen (Cash flow) nicht zu finanzieren sind, so dass zusätzliche Finanzmittel notwendig werden.

❐ **Eigenkapital überprüfen**

Aus der Ergebnisplanung sowie Angaben zu Entnahmen und Gewinn-ausschüttung ergibt sich die zukünftige Eigenkapitalentwicklung. Neuaufnahmen von Anteilseignern sind ebenso wie Eigenfinanzierungs-maßnahmen am Kapitalmarkt hinsichtlich ihrer Konsequenzen für das Unternehmensergebnis sowie Mitwirkungsrechte zu prüfen.

❐ **Fremdfinanzierung planen**

Eine vorausschauende Planung der Fremdfinanzierungsmaßnahmen erlaubt, günstigere Finanzierungsmöglichkeiten auszunutzen als kurz-fristig zu erhalten sind. Neben den Kostengesichtspunkten ist die Fristenstruktur zu beachten, die der Vermögensbindung und der geplanten Entwicklung entsprechen sollte.

Finanzierungsmaßnahmen können die Mitwirkungsrechte der Kapitalgeber mehr oder weniger beeinträchtigen, so dass die Unternehmensleitung ihre Unabhängigkeit verliert. Die Auswirkungen der Finanzstruktur auf die Ein-flussverteilung im Unternehmen sind also zu beachten [44].

Bewahre die finanzielle Unabhängigkeit!

6.77 Anlagevermögen

Zum Geschäftsbetrieb eines Unternehmens wird Vermögen benötigt, das langfristig als Anlagevermögen und kurzfristig als Umlaufvermögen zur Verfügung stehen kann. Das Anlagevermögen gliedert sich nach § 266 HBG in immaterielle Vermögensgegenstände (gewerbliche Schutzrechte, Konzessionen, Lizenzen sowie Geschäfts- und Firmenwert), in Sachanlagen (Grundstücke, Bauten, technische Anlagen und Maschinen, Betriebs- und Geschäftsausstattung) und in Finanzanlagen (Beteiligungen an anderen Unternehmen, Wertpapiere und sonstige Ausleihungen).

Da das Anlagevermögen Kapital bindet und Kosten verursacht, ist es hinsichtlich Betriebsnotwendigkeit und Wirtschaftlichkeit systematisch zu analysieren. Die anschließende Kategorisierung führt zu nachfolgenden vier Quadranten, denen Normstrategien zur Optimierung des Anlagevermögens zugeordnet sind.

- **betriebsnotwendig und wirtschaftlich**
  Der richtige marktorientierte Einsatz des Anlagevermögens führt zu Finanzüberschüssen, die zur Reinvestition oder zum Abbau der Fremdfinanzierung genutzt werden können.

- **betriebsnotwendig und nicht wirtschaftlich**
  Hierbei ist zu prüfen, welche Maßnahmen wie z.B. Ersatzinvestition – auch wenn sie kurzfristig das Anlagevermögen erhöhen – oder eine höhere Auslastung die Wirtschaftlichkeit verbessern können.

- **nicht betriebsnotwendig und wirtschaftlich**
  Dieses Anlagevermögen dient zwar nicht dem Geschäftszweck, es erwirtschaftet aber ein positives Ergebnis. Daher ist nur bei besseren Einsatzmöglichkeiten des Kapitals Handlungsbedarf gegeben.

- **nicht betriebsnotwendig und nicht wirtschaftlich**
  Da das Anlagevermögen in diesem Quadranten nicht zum Geschäftszweck beiträgt und Finanzen ohne Gegenwert verzehrt, sind diese Wirtschaftsgüter so schnell wie möglich zu veräußern.

Gezielter Abbau von nicht betriebsnotwendigem Anlagevermögen führt unmittelbar zum Zufluss von Finanzmitteln, die dann zur Rückzahlung von Verbindlichkeiten oder für ertragsreiche Zukunftsinvestitionen verwendet werden können. Dadurch sinken die Finanzierungskosten, und das Ergebnis verbessert sich [44].

Optimiere das Anlagevermögen!

6.78 Working Capital

Das Working Capital ermittelt sich aus:

Vorräte plus Forderungen minus Lieferantenverbindlichkeiten

und kann durch folgende Maßnahmen beeinflusst werden:

❏ **Vorräte reduzieren**
Neben umfassenden Konzepten zur Sortiments- und Lagerbereinigung führen verschiedene Maßnahmen zur Reduktion der Bestände:

- Fertigprodukte und Waren sind zum Verkauf bestimmt. Durch Verkaufsförderungsmaßnahmen lässt sich ihr Absatz beschleunigen. Soweit es die Lieferzeiten erlauben, kann auftragsbezogen gefertigt oder zugekauft werden, so dass sich ein Fertigwarenlager erübrigt.

- Der Bestand an Halbfabrikaten versteckt sich zumeist in den Fertigungsstätten. Durch konsequente Optimierung der Fertigungsabläufe und des Materialflusses werden kürzere Durchlaufzeiten und damit geringere Bestände erzielt.

- Lagerbestände bei Zulieferteilen sowie Roh-, Hilfs- und Betriebsstoffen sind durch bedarfsgerechte Disposition und Anlieferung zu vermeiden. Das setzt allerdings eine abgestimmte Planung und effiziente Steuerung der Materialwirtschaft voraus [44].

❏ **Forderungen abbauen**
Meist machen den größten Teil der Forderungen die aus Lieferungen und Leistungen aus. Sie lassen sich durch Kundenauslese und –pflege, eine situationsgerechte Skontopolitik, ein gut organisiertes Mahnwesen sowie regelmäßige Inkassoaktionen senken. Allgemein bieten sich auch Forderungsverkäufe wie Factoring oder Diskontgeschäfte an [44].

❏ **Lieferantenverbindlichkeiten erhöhen**
Kreditorenmanagement beginnt mit einer gezielten Lieferantenauswahl und einer umfassenden Lieferantenbeurteilung. Dann können in Abhängigkeit vom Beschaffungsportfolio und Lieferantenranking längere Zahlungsfristen verhandelt, Konsignationsvereinbarungen abgeschlossen und Mengenrabatte vereinbart werden.

Teilt man das Working Capital durch den Tagesumsatz (Umsatz p.a./365), so ergibt sich der Cash-to-Cash Cycle. Dieser ist z.B. abhängig von der Branche sowie der Unternehmensgröße und betrug in 2010 für mittelständische deutsche Unternehmen durchschnittlich 58 Tage [6].

Verkürze den Cash-to-Cash Cycle!

6.79 Private Equity

Bei Private Equity handelt es sich um außerbörsliches Eigenkapital, das Kapitalbeteiligungsgesellschaften mittelständischen Unternehmen für eine gewisse Zeit zur Verfügung stellen. Die Kapitalbeteiligungsgesellschaften bringen dabei als „Partner auf Zeit" neben dem Kapital auch Know-how zur Steigerung des Unternehmenswertes ein, um bei Veräußerung der Beteiligung eine hohe Kapitalrendite zu erzielen. Somit ist Private Equity nicht nur Finanzierungsinstrument, sondern auch Wachstumstreiber [72]. In den verschiedenen Lebenszyklus-Phasen eines Unternehmens kann Private Equity ein sinnvoller Finanzierungsbaustein sein:

❐ **Entstehung**

In der frühen Phase der Unternehmensentwicklung unterstützt Seed-Finanzierung die Vorbereitung einer Unternehmensgründung und Start-up-Finanzierung die Investitionen in zusätzliche Kapazitäten.

❐ **Wachstum**

Rasantes Marktwachstum und Wachstumsschwellen erfordern zum Erhalt der Marktanteile häufig erhebliches Kapital, um in zusätzliche Fertigungskapazitäten und internationale Marktpräsenz zu investieren.

❐ **Reife**

Der Eigentümerwechsel eines Unternehmens kann durch eigenes Management (MBO), durch fremdes Management (MBI) oder durch einen Eigenkapital-Investor finanziert werden.

❐ **Turnaround**

Turnaround-Kapital wird für die Revitalisierung von in Schwierigkeit geratenen Firmen dann bereitgestellt, wenn bereits eine erfolgverspre-chende Strategie für die Neustrukturierung erarbeitet worden ist.

Eine gut geplante finanzielle Partnerschaft ermöglicht durch das Private Equity-Kapital die Aufnahme von zusätzlichem Fremdkapital. Außerdem bringt die Kapitalbeteiligungsgesellschaft Erfahrung aus früheren Beteiligungen und bei der Internationalisierung von Unternehmen ein. Andererseits ist Private Equity nicht billig und der Unternehmer muss sich darüber im Klaren sein, dass er nicht mehr alleine „Herr im Haus" ist. Die Kapitalbeteiligungs-gesellschaft wird Einfluss auf die strategischen Entscheidungen nehmen. Bei Abwägung der Vor- und Nachteile zeigt sich, ob Private Equity für ein Unternehmen in Frage kommt.

Wäge die Finanzierung mit Private Equity sorgfältig ab!

„Im Gegensatz zu Ihren Analysten
sehe ich hier keinen Cent Venture-Capital."

6.80 Unternehmensanleihe

Die Emission von börsennotierten Unternehmensanleihen – Initial Bond Offering (IBO) – bietet Unternehmen die Möglichkeit, bankenunabhängige Fremdkapitalquellen schnell und einfach zu erschließen. Der Emittent – also das Unternehmen – leiht sich von Anlegern Kapital und verpflichtet sich, über eine festgelegte Laufzeit eine jährliche Zinszahlung zu leisten und den Nominalwert am Ende komplett zu tilgen. Dabei kann der Anleger jederzeit – über den Handel an der Börse – sein Engagement zum Börsenwert beenden bzw. ausbauen [40].

Der Emissionsprozess ist dem Börsengang (IPO) ähnlich und verläuft in den Phasen: Planung und Vorbereitung, Strukturierung, Realisierung und Marketing sowie Preisbildung und Sekundärmarkt. Unternehmen mit starker Marktposition, innovativen Produkten, hohem Wachstumspotenzial und guter Profitabilität haben wesentliche Vorteile bei der Platzierung der Unternehmensanleihe.

Bei der Emission von Unternehmensanleihen überwiegen die Vorteile:

❒ **Vorteile**

Die Unternehmensanleihe ermöglicht eine günstige Fremdkapitalaufnahme zur Sicherstellung der mittelfristigen Liquidität ohne die Bestellung von Sicherheiten. Außerdem bleibt die Unabhängigkeit des Unternehmens erhalten, da die Anleiheninhaber weder Stimm- noch Kontrollrechte erhalten. Ein weiterer Vorteil besteht darin, dass ein attraktives Unternehmen weniger Zinsen zur Platzierung anbieten muss und durch die Börsennotierung seinen Bekanntheitsgrad noch weiter erhöhen wird.

❒ **Nachteile**

Der Aufwand und die Vorlaufkosten einer Anleihenemission sind deutlich höher als bei einem Bankkredit. Außerdem machen sich die Folgekosten für Veröffentlichungspflichten nachteilig bemerkbar.

Während in der Vergangenheit die Unternehmensanleihe als bankenunabhängiges Finanzierungsinstrument – wegen des hohen Aufwandes – nur großen Emissionsvolumina und damit Großunternehmen vorbehalten war, steht diese Fremdkapitalquelle – wegen der mittlerweile erfolgten Vereinfachung des Emissionsprozesses – heute auch mittelständischen Unternehmen zur Verfügung.

Nutze die Unternehmensanleihe als Fremdkapitalquelle!

„Das Problem ist doch, im richtigen Moment
an die richtigen IBOs zu kommen."

6.81 Börsengang

Mit einem Börsengang – Initial Public Offering (IPO) – hat ein Unternehmen die strategische Option, Eigenkapital durch die Ausgabe von Aktien an der Börse aufzunehmen. Diese bankenunabhängige Kapitalquelle erweitert den unternehmerischen Spielraum zur Finanzierung von Wachstum, steigert das Vertrauen bei Kunden und Geschäftspartnern, sichert die Wettbewerbsfähigkeit und erhöht den Bekanntheitsgrad des Unternehmens. Bevor ein Unternehmen an die Börse gehen kann, muss es eine Reihe von Anforderungen und Vorschriften erfüllen, die in Gesetzen und Verordnungen (z.B. Börsengesetz und Börsenzulassungsverordnung) geregelt sind. Der Gang an die Börse – Going Public – ist ein strategisches Projekt, das nur mit externer Unterstützung gelingen kann und das vor dem ersten Handelstag zahlreiche Schritte durchläuft [41]:

❑ **Planung und Vorbereitung**
Nach der strategischen Entscheidung über den Börsengang erfolgt die Auswahl der Berater und der Konsortialbank, mit denen das Unternehmen die Strategie für den Börsengang festlegt.

❑ **Strukturierung**
Gemeinsam mit dem Konsortialführer werden dann das Emissionskonzept, das die wichtigsten IPO-Parameter beinhaltet, erarbeitet sowie die Due Diligence durchgeführt und der Wertpapierprospekt vorbereitet.

❑ **Realisierung und Marketing**
Zur Beantragung der Börsenzulassung ist der Wertpapierprospekt bzw. Unternehmensbericht einzureichen. Mit der Equity Story, die über die Unternehmensaktivitäten informiert, werden Investoren angesprochen.

❑ **Preisbildung und Sekundärmarkt**
Die Platzierung der Aktien erfolgt in der Regel nach dem Festpreisverfahren, bei dem das Bankenkonsortium das gesamte Emissionsvolumen zu einem vereinbarten Preis übernimmt, oder dem Bookbuildingverfahren, das die Nachfrage bei der Preisfestlegung berücksichtigt.

Das Unternehmen steht nach dem Börsengang – Being Public – mehr im Fokus der Öffentlichkeit und muss gegenüber den Investoren unterschiedliche Transparenzanforderungen erfüllen wie z.B. regelmäßige Finanzberichterstattungen, Veröffentlichung kursrelevanter Informationen oder wesentlicher Unternehmensmeldungen [39].

Wähle bei einem Börsengang die geeigneten Partner aus!

„Wenn die nicht bald mit 'ner sauberen Rendite rüberkommen,
riskiere ich bei der JHV 'n Eklat."

6.82 Liquiditätssicherung

Ein Unternehmen muss jederzeit seinen Zahlungsverpflichtungen nach-
kommen können, es muss über Liquidität verfügen. Ist dies nicht der Fall,
so besteht durch die Zahlungsunfähigkeit ein Grund für die Insolvenz eines
Unternehmens. Aufgrund des hohen Stellenwertes der Zahlungsfähigkeit
für jedes Unternehmen ist die Liquiditätssicherung ein überlebensnotwen-
diges Instrument für jedes Management. Die Liquiditätssicherung basiert
auf einer kurzfristigen Liquiditätsvorschau, die zukünftigen Kapitalbedarf
bzw. entstehende Mittelüberschüsse nach Höhe, Zeitpunkt und Dauer
sichtbar macht und so der täglichen Gelddisposition dient [38].

Eine effektive Liquiditätssicherung betrachtet dabei folgende Eckwerte:

❏ **Einnahmenplanung**
Die Einnahmen aus Umsatz wie Debitoren, vorhandene und erwartete
Aufträge sowie aus sonstigen Erträgen und Eingängen sind über eine
Zahlungsannahme auf Perioden zu verteilen.

❏ **Ausgabenplanung**
Die Ausgaben für Personalkosten, Kreditoren und Akzepte, Zinsen,
Steuern und sonstige Ausgänge werden – ähnlich wie die Einnahmen
– periodenweise erfasst.

❏ **Bankkonten**
Der Saldo der Ein- und Ausgaben zeigt die Entwicklung der Bankkonten,
die bei Unter- und Überdeckung durch kurzfristige Maßnahmen der
Kreditaufnahme bzw. Mittelanlage auszugleichen sind.

❏ **Finanzierung**
Beim Planungsausgleich durch kurzfristige Kreditinanspruchnahme
oder längerfristige Darlehensaufnahme bzw. durch Mittelanlage kommt
es darauf an, die günstigsten Finanzierungsmöglichkeiten zu nutzen.

❏ **Liquiditätscontrolling**
Liquiditätscontrolling stellt nicht nur die Abweichung zwischen Pla-
nung und Realisierung fest, sondern sucht auch nach Ursachen und
Verbesserungsmöglichkeiten.

Ein Liquiditätsengpass kann – selbst bei hoher Rentabilität und guten
Zukunftsaussichten – schnell zum Untergang eines Unternehmens führen.
Daher geht Liquidität vor Rentabilität.

Stelle die Zahlungsfähigkeit zu jeder Zeit sicher!

„Im Prinzip ist das unser Euro... "

6.83 Risikomanagement

Chancen und Risiken sind beim unternehmerischen Handeln untrennbar miteinander verbunden. Sie sind zwei Seiten ein und derselben Medaille. Denn: was hilft es einem Unternehmen, wenn es bedrohliche Risiken vermeidet, aber keinen Gewinn macht. Langfristig wird es nicht überleben. Daher gilt es, mit den Risiken richtig umzugehen.

Was ist Risiko? Eine hohe Gefahr bedeutet jedoch nicht zwangsläufig auch ein hohes Risiko für ein Unternehmen. Denn Risiko entsteht erst dann, wenn ein Schadenpotenzial (z.B. ein Gebäude) mit einem möglichen gefährlichen Prozess (z.B. eine Lawine oder eine Überschwemmung) zusammentrifft. Demnach lässt sich Risiko wie folgt definieren:

Risiko = Schadenpotenzial x Eintrittswahrscheinlichkeit einer Gefahr

Effektives Risikomanagement geht mit den Risiken richtig um und gliedert sich in folgende vier Phasen [46]:

❐ **Risikoanalyse**
Die strategischen, personellen, operationellen und exogenen Risiken werden in einer Risikolandkarte zusammengefasst und hinsichtlich Schadenpotenzial und Eintrittswahrscheinlichkeit bewertet.

❐ **Ursachenanalyse**
Um die Entstehung und Treiber der Risiken besser zu verstehen sowie Maßnahmen zur Reduzierung der Risiken ableiten zu können, sind die Ursachen für die relevanten Risiken zu eruieren.

❐ **Maßnahmengenerierung**
Zum Schutz vor wahrscheinlichen Risiko-Ursachen werden Maßnahmen generiert, die Risiken bewusst vermeiden, durch Streuung und Begrenzung vermindern bzw. versichern.

❐ **Integration und Umsetzung**
In dieser Phase wird das Risikomanagement in der Organisation mit einem Verantwortlichen verankert, der den Risikomanagement-Prozess optimiert und die Umsetzung der Maßnahmen managt.

Da die größten Gefahren für ein Unternehmen – nach neueren Erkenntnissen [3] – nicht von rasch ändernden Kundenbedürfnissen oder verschärftem Wettbewerb, sondern durch das Ignorieren von Risiken ausgehen, hat Risikomanagement einen hohen Stellenwert und muss in die Strategieentwicklung einfließen.

Schütze das Unternehmen vor Risiken!

„Stahl, Chemie, Biotechnik...
und noch 'n bisschen neuen Markt."

6.84 Wechselkursrisiken

Viele Unternehmen sind heute weltweit tätig und verlassen dabei häufig, da es keine globale Währung gibt, den eigenen Währungsraum. Dieser grenzüberschreitende Kapitalverkehr ist mit teilweise schwankenden Wechselkursen verbunden, die die Kalkulationssicherheit eines Unternehmens gefährden und die Margen ruinieren können [119].

Wechselkurse geben das Austauschverhältnis der einzelnen Währungen untereinander an und machen die Geldwerte von Gütern, Dienstleistungen, Investitionen und Kapitalanlagen weltweit vergleichbar. Das internationale Währungssystem verfügt über flexible und feste Wechselkurse.

❏ **Flexible Wechselkurse**
Die wichtigsten Währungen der Industrieländer (US-Dollar, Euro, Yen) sind durch flexible Wechselkurse geprägt, die sich durch Angebot und Nachfrage auf den Devisenmärkten bilden.

❏ **Feste Wechselkurse**
Viele Schwellenländer fixieren ihre Währung gegenüber wichtigen Leitwährungen und verpflichten sich, jedermann zum festgelegten Umtauschkurs die gewünschte Währung zu verschaffen.

Die Veränderung der Wechselkurse hat folgende Konsequenzen:

❏ **Abwertung der inländischen Währung**
Bei Abwertung der inländischen Währung steigt der Preis für die Fremdwährung. Das Unternehmen muss teurer importieren, und die Produkte werden für die Ausländer billiger.

❏ **Aufwertung der inländischen Währung**
Bei Aufwertung der inländischen Währung sinkt der Preis für die Fremdwährung. Das Unternehmen kann billiger importieren, und die Produkte werden für die Ausländer teurer.

Ein Unternehmen, das in einem Währungsraum agiert, hat keine Währungsrisiken. Hohe Währungsrisiken bestehen aber, wenn ein Unternehmen z.B. in japanischem Yen einkauft, im Euroraum produziert und in US-Dollar verkauft. Dieses Unternehmen kann z.B. durch Verlagerung von Produktionsstandorten in die Einkaufs- oder Verkaufsregion einen Teil der Währungsschwankungen auffangen. Darüber hinaus ist ein professionelles Währungsmanagement erforderlich, das sich gegen Wertverlust durch Hedging – Sicherungsgeschäfte – absichert.

Vermeide Wechselkursrisiken!

6.85 Hedging

Volatile Wechselkurse, Rohstoffpreise und Zinsen stellen viele Unternehmen vor erhebliche Probleme. Ein Beispiel: Ein deutsches Unternehmen vereinbart vertraglich, einem Kunden in den USA Maschinen im Wert von 2 Millionen Dollar (Wechselkurs: Dollar zu Euro 0,75) bis Ende des Jahres zu liefern. Da sich der Wechselkurs bis Ende des Jahres um 5 Cent auf 0,70 Euro verändert, nimmt das Unternehmen mit diesem Auftrag nicht – wie erwartet – 1,5 Millionen Euro, sondern 1,4 Millionen Euro – und damit 100.000 Euro weniger ein.

Gegen diesen Wertverlust der Forderung kann sich das Unternehmen durch Hedging – Sicherungsgeschäft – absichern.

Die Hedginginstrumente, die von Banken für volatile Wechselkurse, Rohstoffe und Zinsen angeboten werden, reichen vom einfachen Termingeschäft bis hin zur maßgeschneiderten Lösung [22]:

❐ **Termingeschäft**
Bei einem Termingeschäft vereinbart das Unternehmen mit der Bank für das abzusichernde Objekt einen Festpreis für eine bestimmte Menge und einen Fälligkeitstermin, an dem der Schuldner die Preisdifferenz zwischen Festpreis und Stichtagspreis ausgleichen muss.

❐ **Swap**
Im Unterschied zum Termingeschäft bezieht sich der Swap nicht auf einen Stichtagspreis, sondern auf einen zeitraumbezogenen Preis, der sich als Mittelwert aller Referenzpreise des vereinbarten Berechnungszeitraumes ergibt.

❐ **Option**
Eine Option räumt das Recht – bei Call-Option zum Kauf und bei Put-Option zum Verkauf – ein, ein vereinbartes Angebot mit Basispreis innerhalb eines Zeitraumes anzunehmen oder abzulehnen.

❐ **Maßgeschneiderte Lösung**
Die beschriebenen Basisinstrumente werden von den Banken je nach Anforderung der Unternehmen bedarfsgerecht kombiniert.

Hedgegeschäfte funktionieren ähnlich wie Versicherungen. Durch Zahlung einer Prämie kann man die Folgen eines Risikos mindern. Weil dieser Schutz etwas kostet und das Ergebnis schmälert, ist ein Kompromiss zwischen Rendite und Risiko zu finden.

Sichere volatile Wechselkurse, Rohstoffpreise und Zinsen ab!

„Lass uns bitte das Zimmer wechseln!"
„An was denkst du, Schatz?"

6.86 Wertmanagement

Wertmanagement zielt auf die nachhaltige Wertsteigerung durch

❏ operative Effizienz, die bei kosteninvestiertem Kapital zur Steigerung des EBIT führt,

❏ profitables Wachstum, bei dem neue Projekte ein größeres EBIT als die Investitionskosten erwirtschaften, und

❏ optimale Kapitalbindung, die wertvernichtende Geschäftsfelder eliminiert und effizient mit dem gebundenen Kapital umgeht [117].

Um Wertsteigerungsziele verlässlich und nachhaltig zu erreichen, sieht die Boston Consulting Group [73] ein integriertes Gesamtkonzept mit folgenden vier Schritten vor:

❏ **Richtung geben**
Die Unternehmensführung hat – nach Bewertung der Wertsteigerungserwartungen der Kapitalgeber und der Leistung der Wettbewerber mit der eigenen Position – die Aufgabe, ein Wertsteigerungsziel und damit die Marschrichtung für das Unternehmen festzulegen.

❏ **Maßnahmen erarbeiten**
Aus der Perspektive der Performance (Umsatz, Kosten, Kapital), von Corporate Finance (Portfolio, Cash) und des Kapitalmarktes (Investoren, Erwartungen) sind Maßnahmen zu entwickeln, die die Wertsteigerung des Unternehmens positiv beeinflussen.

❏ **Realisierungsvoraussetzungen schaffen**
In diesem Schritt schaffen die Führungskräfte durch Beachtung der verschiedenen Anforderungsprofile und der unterschiedlichen Befähigungsprofile sowie durch Synchronisation der Organisationsziele und der Mitarbeiterziele die Voraussetzung für Spitzenleistung.

❏ **Den Weg ebnen**
Für die Realisierung der Wertsteigerungspotenziale macht ein Projektteam aus internen und externen Experten Sinn, die das gesamte Wertsteigerungsprogramm unterstützend begleiten und die Durchführung der Maßnahmen und die Erreichung der Ziele verantworten.

Konsequentes und nachhaltiges Wertmanagement, bei dem sowohl auf der strategischen als auf der operativen Ebene das EBIT die Kapitalkosten übersteigt, gewährleistet – bei sich permanent ändernden Rahmenbedingungen – den dauerhaften Unternehmenserfolg.

Steigere den Unternehmenswert nachhaltig!

6.87 Benchmarking

Nach Robert C. Camp [18] ist Benchmarking (englisch Benchmark gleich Maßstab) „die kontinuierliche Suche nach Lösungen, die auf den besten Methoden und Verfahren der Industrie, den best practices, basieren und ein Unternehmen zu Spitzenleistungen führen". Bei dieser Management- methode werden durch Vergleich der eigenen Leistung mit den besten Konkurrenten (best in class) die best practices-Maßstäbe für Produkte, Dienstleistungen, Prozesse und Methoden identifiziert, verstanden und vom eigenen Unternehmen adaptiert.

Dabei orientiert sich Benchmarking bewusst an den Faktoren, bei denen die anderen Marktteilnehmer Erfolg haben. Denn, was bei den anderen funktioniert, führt auch beim eigenen Unternehmen zum Erfolg. Und so wird die Leistungslücke zu den Besten geschlossen.

Der Benchmarking-Ablauf gliedert sich in vier Schritte [110]:

- ❏ **Planung: Was soll gebenchmarkt werden?**
  Hierbei geht es darum, die wichtigsten Problembereiche des Unter- nehmens, die mittels Benchmarking verbessert werden sollen, sowie geeignete Partner für das Benchmarking zu identifizieren.

- ❏ **Erhebung: Welche Benchmarks sind relevant?**
  In dieser Phase werden die relevanten Kennzahlen bei den Bench- marking-Partnern erhoben. Die Aufbereitung dieser Daten liefert die Benchmarks, von denen das eigene Unternehmen lernen kann.

- ❏ **Analyse: Wie groß ist die Leistungslücke?**
  Ein Vergleich der eigenen Leistungsdaten mit den Benchmarks zeigt die Leistungslücke. Nach Analyse der Ursachen und Defizite werden die notwendigen Verbesserungsmaßnahmen formuliert.

- ❏ **Verbesserung: Welche Ergebnisse wurden erreicht?**
  Wichtigster Erfolgsfaktor bei der Umsetzung von Benchmarking sind die Mitarbeiter, die von der Veränderungskultur zu überzeugen und zum Adaptieren von best practices zu motivieren sind.

Benchmarking ist kein einmaliger Vorgang, sondern ein permanenter Kreislauf des Beobachtens, Lernens und Verbesserns. In diesem Sinne stellt Benchmarking eine Weiterentwicklung des Betriebsvergleiches und des kontinuierlichen Verbesserungsprozesses sowie ein Frühwarnsystem für Branchenstandards und Geschäftsmodelle dar.

Orientiere das Unternehmen an Benchmarks!

6.88 Erfolgsplanung

Die Erfolgsplanung entspricht der kaufmännischen Gewinn- und Verlust-rechnung, die das Jahresergebnis als Überschuss oder Fehlbetrag der Erträge über die Aufwendungen abbildet.

Diese Planungsrechnung macht das betriebliche Geschehen durch Prognose unabhängigerer von Zufällen und Ungewissheiten. Auch wenn diese Prognosen nicht immer hundertprozentig eintreffen, so können doch besondere Entwicklungen und eventuelle Probleme rechtzeitig erkannt werden und zu einem nützlichen Informationsvorsprung führen: Planen ist besser als Improvisieren und ermöglicht frühzeitiges Agieren statt zu spätes Reagieren.

Die Erfolgsplanung stützt sich auf zwei Planungsarten, die sich durch ihre Planungsabschnitte und Planungszeiträume unterscheiden [38]:

❐ **Mehrjahresplanung**

Ziel der Mehrjahresplanung ist es, die Strukturen von Aufwand und Ertrag sowie von Vermögen und Kapital unter Berücksichtigung von Investitions- und Wachstumsfinanzierung zu sichern und zu verbessern.

Die Mehrjahresplanung, die in jährlichen Planungsabschnitten erfolgt und sich in der Regel über einen Zeitraum von fünf Jahren erstreckt, liefert Planerfolgsrechnungen (Jahresabschlüsse), Planbilanzen und Kennzahlen. Dabei ist die Planung kein einmaliger Vorgang, sondern wird permanent mit der Realität abgeglichen (Soll-Ist-Vergleich).

❐ **Einjahresplanung**

Ziel der Einjahresplanung ist es, die Erfolgsentwicklung durch Gestaltung der Aufwands- und Ertragsstruktur sowie die Finanzentwicklung durch rechtzeitige Finanzdisposition und Einhaltung der Kreditlinien zu steuern.

Die Einjahresplanung, die in Monatsabschnitten erfolgt und sich über ein Jahr erstreckt, zeigt die Prämissen der Planung (Umsatz, Produktion, Investitionen) und liefert eine Übersicht über Einnahmen, Ausgaben und die Entwicklung des Kontostandes. Diese Planzahlen werden durch die Istwerte permanent mit der Realität abgeglichen.

Dieses Planungsinstrument liefert Unternehmen und Kommunen, die es Anfang der 1990er Jahre unter dem Begriff „Neues Steuerungsmodell" eingeführt haben, die Sicherheit, um ihre Zukunftsaufgaben erfolgreich zu bewältigen.

Plane den Unternehmenserfolg systematisch!

6.89 Hidden Champion

Der Begriff Hidden Champions, heimliche Gewinner, wurde das erste Mal von Hermann Simon [111] benutzt und bezeichnet mittelständische Unternehmen, die Top 3 in der Welt oder Nr. 1 in ihrem Kontinent sind, weniger als 5 Mrd. Euro Jahresumsatz erzielen und einen geringen Bekanntheitsgrad haben. Hermann Simon [111] hat die Erfolgsstrategien der Hidden Champions untersucht und in folgenden Lehren zusammengefasst:

- **Führung und Ziele**
  Führen bedeutet, das beste Unternehmen sein zu wollen. Denn wer keine ambitionierten Ziele hat, wird diese auch nicht erreichen.

- **Hochleistungsmitarbeiter**
  Hochleistung ist nur mit einem engagierten Team möglich, in dem jeder seinen Beitrag kennt und sich mit diesem identifiziert.

- **Tiefe**
  Durch die Tiefe der angebotenen Leistung entstehen Alleinstellungsmerkmale, deren Kernkompetenzen nicht outgesourct werden sollten.

- **Dezentralisierung**
  Neue Geschäftsfelder, die hohe Herausforderungen bewältigen müssen, werden durch eine dezentrale, kundennahe Organisationsform gestärkt.

- **Fokus**
  Wer weiß, was er will, und seine Ressourcen darauf konzentriert, wird Spitzenleistungen vollbringen und ambitionierte Ziele erreichen.

- **Globalisierung**
  Globale Vermarktung mit einer Vervielfachung der Marktgröße wird nur mit internationalen Mitarbeitern erfolgreich sein.

- **Innovation**
  Hidden Champions wenden im Mittel 6 % vom Umsatz für F&E auf und generieren dadurch kontinuierlich Wachstum.

- **Kundennähe**
  Bei Hidden Champions haben fünfmal mehr Mitarbeiter als bei Großunternehmen regelmäßigen Kontakt mit Kunden.

Deutschland ist mit mehr Hidden Champions als der Rest der Welt [111] gut aufgestellt, um die Herausforderungen der Zukunft zu meistern. Daher macht es großen Sinn, den Strategien der Hidden Champions zu folgen.

Lerne von den Hidden Champions!

„Ein Hoch auf Herrn Rugenbauer, der uns
Absatzregionen erschlossen hat,
an die wir nicht im Traum gedacht haben!"

6.90 Controlling

Controlling ist ein deutsches Kunstwort, das sich aus dem Englischen to control für steuern bzw. regeln ableitet. Controlling bezeichnet eine Dienstleistungsfunktion für das Management, die zur Transparenz im finanz- und leistungswirtschaftlichen Bereich eines Unternehmens die Erarbeitung von Zielen unterstützt, Maßnahmen zur Zielerreichung plant, Informationen aus allen Bereichen sammelt, Zielabweichungen analysiert sowie Vorschläge für angepasste Ziele und veränderte Maßnahmen macht.

Dabei soll Controlling als Frühwarnsystem folgende Unternehmenskrisen rechtzeitig erkennen und möglichst verhindern [13]:

❑ **Strategiekrise: falscher Kurs**

Die Strategiekrise zeichnet sich ab, wenn sich die Wettbewerbsposition des Unternehmens am Markt durch neue Kundenbedürfnisse bzw. besser werdende Konkurrenten verschlechtert.

Um die Strategiekrise abzuwenden oder bereits im Keim zu ersticken, sind neue Erfolgsfaktoren mit Alleinstellungsmerkmalen zu generieren, die das Unternehmen wieder auf Erfolgskurs steuern.

❑ **Erfolgskrise: geringe Erträge, hohe Kosten**

Bei der Erfolgskrise führt Marktpositionsverlust zu Umsatzrückgang verbunden mit einer Unterauslastung der Kapazitäten. Folglich sinken die Erträge und steigen die Kosten.

In diesem Fall sind Revitalisierungsmaßnahmen angesagt, die die gesteckten Unternehmensziele durch geringere Kosten, effektivere Geschäftsprozesse und höhere Erträge konsequent realisieren.

❑ **Liquiditätskrise: drohende Zahlungsunfähigkeit**

In der Liquiditätskrise, die sich frühzeitig durch Liquiditätsmangel und Kapitalverzehr abzeichnet, entscheidet die verfügbare Zeit über die Intensität der Maßnahmen zur Abwehr der drohenden Insolvenz.

Kurzfristig gilt es, die Zahlungsverpflichtungen fristgerecht zu bedienen. Mittelfristig reicht jedoch ein mühsam sich ins Ziel retten nicht aus; eine strategische Neuausrichtung ist erforderlich.

Der Controller nimmt dabei eine Querschnittsaufgabe wahr und fungiert als interner Unternehmensberater quasi als Lotse, während der Manager als verantwortlicher Kapitän die Entscheidungen für den Erfolgskurs des Unternehmens trifft.

Verhindere Unternehmenskrisen durch Controlling!

6.91 Investition

Investitionen sind der zentrale Stellhebel für nachhaltiges Wachstum. Da in Deutschland seit fast 20 Jahren das Wachstumspotenzial tendenziell rückläufig ist, besteht die Notwendigkeit, mehr zu investieren [14].

Nach einer Studie des Bundesverbandes der Deutschen Industrie in 2011 [14] haben in den letzten fünf Jahren 94 Prozent der deutschen Unternehmen in die Erhaltung und 87 Prozent in den Ausbau bestehender Geschäftsfelder investiert sowie zwei Drittel neue Geschäftsfelder erschlossen. Nur zwei Prozent der Unternehmen haben keine Investitionen getätigt. Die Investitionsquote – die Investitionen in Prozent vom Umsatz – lag bei etwa 7,4 Prozent. Die Auslandsinvestitionen betrugen 2011 etwa 10 Prozent und werden in den nächsten fünf Jahren auf 18 Prozent steigen.

Die wichtigsten Gründe für Investitionsentscheidungen im Inland sind:

❐ **Kosten und Prozesse**
Auf dem Spitzenplatz bei Investitionsentscheidungen stehen Kosten- und Prozessoptimierungen.

❐ **Markt und Produkt**
Danach rangieren der Aufbau neuer Geschäftsfelder sowie Produktentwicklung und Markterschließung.

❐ **Technologie**
Weitere Investitionsziele sind Technologische Standards und der Aufbau von Know-how.

❐ **Energie und Umwelt**
Weiter hinten bei der Bewertung stehen Verbesserungen der Energieeffizienz, der Umweltschutz und die Einhaltung gesetzlicher Auflagen.

❐ **Umfeld**
Während die Renditeerwartung im Mittelfeld liegt, ist für 75 Prozent der Unternehmer die Reaktion auf Wettbewerber nicht entscheidend.

Die Investitionsgründe im Ausland unterscheiden sich von denen des Inlands durch folgende Reihenfolge: Markt und Produkt, Umfeld, Prozesse und Kosten, Technologie sowie Energie und Umwelt.

2004 machten fünf Wirtschaftszweige – Automobilhersteller, Chemische Industrie, Ernährungsgewerbe, Maschinenbau und Metallerzeugnisse – etwa 60 Prozent aller Industrieinvestitionen in Deutschland aus [114].

Generiere Wachstum durch stetiges Investieren!

6.92 Leasing

Leasing ist seit mehr als 50 Jahren ein bevorzugtes und innovatives Instrument zur Investitionsfinanzierung. Dabei vermietet der Leasinggeber Mobilien und Immobilien über einen längeren Zeitraum an einen Leasingnehmer, der dafür eine Gebühr, eine Leasingrate, bezahlt. Die Unternehmen haben damit die Möglichkeit, die Anschaffungskosten für entsprechende Investitionsobjekte nicht sofort sondern in Raten zu zahlen.

Das Leasing-Volumen von Neuinvestitionen betrug 2010 in Deutschland 48,5 Mrd. Euro und hatte damit einen Anteil an den gesamtwirtschaftlichen Investitionen von 15 %. Gegenüber dem Immobilien-Leasing mit 5 % ist das Mobilien-Leasing, das 95 % ausmacht, mit folgenden wichtigen Objektgruppen eindeutig dominant [15]:

	% Neugeschäft
❐ PKW und Kombi	52
❐ Busse, LKW und Hänger	16
❐ Luft-, Schienen- und Wasserfahrzeuge	2
❐ Maschinen für Produktion	14
❐ Büromaschinen und EDV	8
❐ Medizintechnik	1
❐ Immaterielle Wirtschaftsgüter	1
❐ Sonstige Ausrüstungen	6

Von den Leasinggesellschaften wird Leasing als einmalige Erfolgsgeschichte gepriesen. Bei all den vielen Chancen und Vorteilen darf man jedoch nicht die Nachteile übersehen.

Neben einer sicheren Kalkulationsgrundlage hat der Leasingnehmer den Vorteil, seine Liquidität zu schonen und die Leasingraten aus den erwirtschafteten Erträgen des Investitionsobjektes zu bezahlen. Die hundertprozentige Fremdfinanzierung ist bilanzneutral, so dass die Eigenkapitalquote und ein mit den Banken vereinbarter Kreditrahmen erhalten bleiben.

Nachteile für den Leasingnehmer ergeben sich durch höhere Kosten als beim Kauf, die durch Zinsen sowie Verwaltungskosten und Gewinn der Leasinggesellschaft entstehen. Weiterhin erwirbt der Leasingnehmer kein Eigentum am Leasinggut, so dass er dieses bei Nichtnutzung nicht verkaufen kann und den langfristig geschlossenen Vertrag einhalten muss.

Die Entscheidung, eine Investition durch ein Leasinggeschäft zu finanzieren, hängt im Einzelfall von den Alternativen und ihrer Bewertung ab.

Prüfe Leasing bei Investitionsentscheidungen!

„Den Chef kann man nicht leasen."

6.93 Mergers & Acquisitions

Immer mehr Unternehmen versuchen, ihre optimale Unternehmensgröße durch Fusionen oder durch die Übernahme anderer Unternehmen zu erreichen. Auf diese Weise sollen Synergiepotenziale realisiert werden, die in den Bereichen Kosten, Umsatz, Wissen, Innovation und Finanzen liegen.

Um die Unternehmensfusion und -übernahme erfolgreich zu gestalten, bedarf es eines ganzheitlichen M&A-Managements wie folgt [54]:

❏ **Vorbereitung**
Die Hauptaufgabe in dieser Phase ist die Grobbewertung des Käufer- und Verkäuferunternehmens, um das Zueinanderpassen der beiden Unternehmen in folgenden Bereichen zu evaluieren:

- Strategischer Fit beschreibt die Kompatibilität der strategischen Zielsetzungen.

- Fundamentaler Fit bedeutet das Vorhandensein und die Realisierbarkeit von Synergiepotenzialen.

- Kultureller Fit kennzeichnet das Zusammenpassen der Unternehmenskulturen und der nationalen Kulturen.

❏ **Transaktion**
Kern der Transaktions-Phase ist eine eingehende Due Diligence-Prüfung des Targetunternehmens. Nachdem durch eine Absichterklärung (Letter of Intent) das beiderseitige Interesse bekundet wurde, erfolgen eine detaillierte Stärken/Schwächen-Analyse des Kaufobjektes, eine Analyse der Kaufrisiken sowie eine fundierte Bewertung der Synergiepotenziale mit anschließender Transaktion.

❏ **Integration**
Bei der Post Merger Integration gilt es, die Kultur- und Mentalitätsunterschiede der beiden Unternehmen zu überbrücken und – ohne Verursachung von negativen Synergien wie z.B. Kannibalisierungseffekte am Markt – die geplanten Synergiepotenziale in reale Synergieeffekte zu überführen.

M&A-Projekte sind dann besonders erfolgreich, wenn sie von einem interdisziplinären Team – aus Wirtschaftsprüfer, Jurist sowie M&A- und Unternehmensberater – bestehen, das den M&A-Prozess von Anfang bis Ende mit hoher Kompetenz verantwortet.

Setze bei M&A-Projekten ein interdisziplinäres Team ein!

„Wenn man so die Börsenkurse der Konkurrenz liest,
könnte einem angst und bange werden."

6.94 Joint Venture

Wenn Unternehmer Nutzen für die Beteiligten sehen, werden sie Kooperationen mit Partnern anstreben. Motive hierfür sind z.B. die

❏ Erschließung neuer Märkte (z.B. China)
❏ Erweiterung der Produktpalette
❏ Gewinnung neuer Technologien
❏ Entwicklung neuer Produkte
❏ Sicherung von Ressourcen
❏ Nutzung von Synergien
❏ Verteilung der Risiken

Unternehmenskooperationen sind vielfältig und reichen von einer Gruppe über Arbeitsgemeinschaften bis hin zu Gemeinschaftsunternehmen, deren Partner ein gemeinsames Ziel verfolgen. Man bezeichnet diese Formen der Zusammenarbeit als Joint Venture und unterscheidet zwischen

❏ **Contractual Joint Venture**
Diese Kooperationsform, die sich auf schuldrechtliche Vertragsbeziehungen der Partner untereinander bezieht, wird häufig bei der Umsetzung eines konkreten Projektes gewählt.

❏ **Equity Joint Venture**
Das Equity Joint Venture ist eine der engsten Kooperationsformen zwischen (zwei oder mehreren) Partnern, die organisatorisch selbstständiges Tochterunternehmen gründen.

Beim Gründen eines Joint Ventures sind einige Kernpunkte wichtig [60]: Zunächst gilt es, den richtigen Partner zu finden, der die gleichen Interessen hat, über gute (lokale) Kontakte verfügt und vergleichbare Assets einbringen kann. Wer eine gemeinsame Firma mit Partnern für mehrere Jahre gründen will, benötigt sodann eine möglichst detaillierte Machbarkeitsstudie, die u.a. das Ziel des Gemeinschaftsunternehmens, Standortfragen, Investitionsrahmenbedingungen sowie die Kapitaleinbringung klärt und als Letter of Intent dokumentiert wird. Wenn sich die Partner hierauf geeinigt haben, können die Grundvereinbarung, auch Joint Venture Vertrag genannt, und der Gesellschaftsvertrag des Gemeinschaftsunternehmens ratifiziert werden.

Der Erfolg eines Joint Ventures hängt von einer Vielzahl von Faktoren ab – wichtig ist vor allem, Konflikte durch kulturelle Unterschiede zu vermeiden sowie Know-how-Abfluss über die gemeinsame Tochter zu verhindern.

Kooperiere – wenn nützlich – in Form eines Joint Ventures!

6.95 Investitionsentscheidung

Entscheidungen über Zukunftsinvestitionen sind immer mit Unsicherheiten behaftet. In jüngster Zeit haben jedoch spektakuläre Planabweichungen sowohl bei privaten als auch bei öffentlichen Großprojekten deutlich gemacht, dass die klassischen statistischen und dynamischen Investitionsrechnungen alleine für risikoarme und planungssichere Entscheidungen nicht ausreichen. Vielmehr kommt es auf die Handlungsoptionen und die Belastbarkeit ihrer Basisdaten an, die durch Analyse der Stärken und Schwächen sowie der Chancen und Risiken transparent gemacht werden.

Um eine fundierte Investitionsentscheidung mit geringen Risiken zu gewährleisten, bietet sich nachfolgendes Vorgehen [91] an:

❒ **Investitionsbedarf klären**

Der Investitionsbedarf wird im Rahmen einer Umfeldanalyse, die Marktbedarf, Markttrends und Marktwachstum transparent macht, und anhand der relevanten Rahmenbedingungen, die Art und Umfang der zur Verfügung stehenden Ressourcen berücksichtigt, konkret beschrieben und auf Sinnhaftigkeit geprüft.

❒ **Handlungsoptionen priorisieren**

Zur Lösung des Investitionsproblems werden anschließend verschiedene Handlungsoptionen generiert, die einer Wirtschaftlichkeitsanalyse unterzogen und mit wichtigen Entscheidungskriterien bewertet werden. Ergebnis ist das nach realistischen Markteinschätzungen und kostenrechnerischen Anforderungen beste Innovationsvorhaben.

❒ **Finanzierung planen**

Da ein Innovationsvorhaben mit einer besonders kurzen aber auch mit einer sehr langen Durchlaufzeit durchgeführt werden kann, müssen für diese Alternativen der notwendige Kapitalbedarf ermittelt, die geeigneten Finanzierungsformen gefunden und die Auswirkungen auf die Liquiditätssituation der Organisation dargestellt werden.

Die Aufbereitung der absatzmäßigen, technischen und finanziellen Daten einer geplanten Investition muss – unter Einbeziehung zukünftiger Unsicherheiten – so fundiert wie eben möglich vorgenommen werden. Denn Investitionsentscheidungen beeinflussen die Entwicklung eines Unternehmens nachhaltig, da sie Kapital langfristig binden und meist nur mit erheblichen finanziellen Nachteilen korrigiert werden können.

Treffe fundierte Investitionsentscheidungen!

6.96 Globalisierung

Globalisierung bezeichnet die internationale Verflechtung besonders in den Bereichen Wirtschaft, Kommunikation, Kultur, Umwelt und Politik. Die Welt rückt durch schnellere und länderübergreifende Informations-, Waren- und Finanzflüsse immer enger zusammen und wird zum globalen Dorf.

Die Globalisierung verändert die Rahmenbedingungen für wirtschaftlich starke Länder, transnationale Unternehmen und Verbraucher zum Positiven. Dagegen wächst der Druck auf die ärmsten Regionen der Welt, auf wenig qualifizierte Arbeitnehmer und sozial Schwache [102].

Die wichtigsten Pro- und Contra-Argumente der Globalisierung, deren Wirkungen im konkreten Fall einzuschätzen und zu bewerten sind, werden nachfolgend dargestellt [80]:

Vorteile

❏ Globale Kommunikation und Mobilität
❏ Wohlstand durch weltweiten Handel
❏ Unternehmenswachstum durch neue Märkte
❏ Innovationsstärke durch globale Kooperation
❏ Anstieg des weltweiten Arbeitsangebotes
❏ Breite Produktpalette zu günstigen Preisen
❏ Geringe Inflationsgefahr durch sinkende Preise
❏ Einfacher weltweiter Kapitalverkehr

Nachteile

❏ Harter Wettbewerb mit ruinösen Preiskämpfen
❏ Ungerechte Verteilung des Wohlstandes
❏ Gewinnmaximierung der Unternehmen
❏ Globale Krisen durch lokales Fehlverhalten
❏ Arbeitsplatzverluste durch ausländischen Preisdruck
❏ Umweltschäden durch weltweite Logistik
❏ Überproduktion bei begrenzter Nachfrage
❏ Schnelle und schwer kontrollierbare Finanzströme

Wichtig ist folgende Erkenntnis: Die Entwicklung der Globalisierung ist in unserer Welt nicht mehr aufzuhalten. Wer sich dagegen abzuschotten versucht, wird am Wohlstand und Wachstum nicht teilhaben. Daher ist eine aktive Gestaltung der Globalisierung für jeden Manager angesagt, um eventuelle Risiken abzufedern und die Chancen möglichst gut zu nutzen.

Nimm die globale Herausforderung an!

6.97 Big Data

Mobiltelefone, Online-Einkauf, soziale Netzwerke, elektronische Kommunikation, Maschinen mit Sensoren etc. produzieren als Nebenprodukt riesige Datenvolumina, die sich auf der Welt etwa alle 40 Monate verdoppeln (Stand 2012), mit rasantem Tempo und in vielfältigen Formaten [81].

Zur Nutzung dieser Big Data stehen aktuell viele Unternehmen vor der Herausforderung, die mit Big Data verbundenen neuen Prozesse, Technologien und Qualifikationen in Kombination mit den vorhandenen bewährten Systemen und Prozessen erfolgreich zu meistern [8].

Für die Einführung und Umsetzung von Big Data im Unternehmen wird nachfolgende Vorgehensweise empfohlen [64]:

❏ **Informieren: Aufbau der Wissensbasis**
In der Informationsphase gilt es, durch Erweiterung des Wissens gute Methoden zur Nutzung von Big Data im Unternehmen zu finden. Aufgabe der Führungskräfte ist es dabei, die sich bietenden Chancen zu identifizieren und die Mitarbeiter zum Mitziehen zu bewegen.

❏ **Planen: Erstellung von Business Case und Roadmap**
Für die identifizierten Chancen, die in dieser Phase in Angriff genommen werden sollen, wird ein Business Case mit Roadmap erstellt, der die vorhandenen Daten, die benötigten Big Data-Technologien sowie die erforderlichen Mitarbeiterqualifikationen berücksichtigt.

❏ **Prüfen: Bewerten von Potenzialen, Start von Pilotprojekten**
An den Business Case schließen sich die Prüfung und Quantifizierung der Ergebnisse und Vorteile an, die durch Big Data erwartet werden. Zudem werden Pilotprojekte gestartet, um die erforderlichen Technologien und Skills für die Erschließung der neuen Datenquellen zu testen.

❏ **Umsetzen: Unternehmensweite Implementierung von Big Data**
In der Umsetzungsphase wird – unter Berücksichtigung von Data Governance, Datenschutz und Datensicherheit – eine Big Data-Lösung unternehmensweit implementiert. Der Erfolg dieser Einführung erleichtert und sichert die Durchführung künftiger Big Data-Projekte.

Wenn Manager Big Data gut beherrschen, können sie durch Nutzung neuer Datenquellen die Qualität ihrer Entscheidungen verbessern und durch Erfassung und Analyse von Echtzeitdaten schneller entscheiden. Derartige Entscheidungen machen den Unterschied zu den Wettbewerbern aus [49].

Beherrsche Big Data!

6.98 Compliance

Wirtschaftskriminalität und Regelverstöße von Unternehmen werden heute durch die aufmerksame Öffentlichkeit und die kritische Presse mehr denn je wahrgenommen und intensiver strafrechtlich verfolgt. Hierdurch ergeben sich für die Unternehmen höhere Imageschäden, Haftungsrisiken und Schadensersatzforderungen. Die Antwort auf diese unternehmerischen Herausforderungen ist Compliance.

Im Deutschen Corporate Governance Kodex [95] lautet Ziffer 4.1.3: „Der Vorstand hat für die Einhaltung der gesetzlichen Bestimmungen und der unternehmerischen Richtlinien zu sorgen und wirkt auf deren Beachtung durch die Konzernunternehmen hin (Compliance)". Compliance bedeutet demnach die Einhaltung von Gesetzen und Richtlinien – eine Selbstverständlichkeit aus juristischer Sicht.

Um Compliance-Verstöße präventiv zu verhindern, schnell zu erkennen und darauf konsequent zu reagieren, hat sich in der Praxis folgendes Compliance-Programm durchgesetzt [93]:

❏ **Kultur**
   Das Management bekennt sich unmissverständlich zu Compliance und etabliert einen Wertekatalog bzw. einen Verhaltenskodex.

❏ **Prävention**
   Compliance-Verantwortliche kommunizieren unternehmensweit das Compliance-System und führen regelmäßig Trainings durch.

❏ **Identifikation**
   IT-gestützte Kontrollapplikationen dienen neben einem Hinweisgebersystem dazu, auffällige Unregelmäßigkeiten schnell zu erkennen.

❏ **Reaktion**
   Ein Sanktions-Komitee entscheidet bei Regelverstößen über die Konsequenzen und Maßnahmen, die fallbezogen nachverfolgt werden.

❏ **Verbesserung**
   Das Management überprüft ständig – anhand von best practice Dritter – die Compliance-Struktur und -Organisation.

Nach einer PWC-Studie [17] werden Unternehmen, die über mehr Kontrollmechanismen verfügen, seltener durch Wirtschaftskriminalität geschädigt. Da so Imageverluste und Bußgelder vermieden oder reduziert werden können, sind die Kosten für Compliance gut investiertes Geld.

Beachte den Corporate Governance Kodex!

6.99 Frauen im Management

Obwohl Frauen 51 % der Hochschulabsolventen ausmachen, sind sie in Führungspositionen der deutschen Wirtschaft mit nur 15 % im mittleren Management, 3 % der Vorstände und 10 % der Aufsichtsräte deutlich unterrepräsentiert [12].

Was hindert Frauen auf ihrem Karriereweg? Häufig genannte Hemmnisse sind: eine „gläserne Decke", die Frauen den Zugang zu Führungspositionen versperrt, festgelegte Rollenbilder, fehlende Vorbilder, unzureichender Machtinstinkt, unterschiedliche Motivation, Berufswahl und Teilzeitarbeit.

Zur Vermeidung dieser Karrierebrüche wird empfohlen, nachfolgende kulturspezifische Herausforderungen im Unternehmen zu meistern [67]:

❏ **Lebensphasenorientierte Personalpolitik**
Frauen können eine kontinuierliche Hochleistung mit zeitlicher und räumlicher Flexibilität seltener als Männer erbringen, da sie häufiger die familiäre Fürsorgeverantwortung übernehmen. Daher muss die Personalpolitik die Karriere von Frauen lebensphasenorientiert begleiten.

❏ **Wertschätzung der Unterschiedlichkeit**
Da Männer die wesentlichen Schlüsselpositionen im Unternehmen besetzen, definieren sie auch die Verhaltensnormen. In einer solchen Unternehmenskultur ist es wichtig, die Geschlechterrollenbilder neu zu definieren und alle für das weibliche Anderssein zu sensibilisieren.

❏ **Commitment für mehr Frauen in Führungspositionen**
In einer konservativen Unternehmenskultur finden Frauen nur selten Zugang zu Führungspositionen. Durch ein eindeutiges Bekenntnis der Unternehmensleitung zu mehr Frauen im Management werden sich die Karrierechancen der Frauen jedoch erhöhen.

❏ **Definition des Nutzens von Frauen im Management**
Dem Engagement für die Erhöhung des Frauenanteils in Führungspositionen stehen starke konservative Werte und Strukturen entgegen. Diese Vorbehalte können aber verändert werden, wenn der Nutzen von Frauen im Management unternehmensspezifisch herausgestellt wird.

Die Steigerung des Frauenanteils in Führungspositionen ist ein derzeit ungenutzter aber wichtiger Erfolgsfaktor für die stabile Geschäftsentwicklung von Organisationen. Zukunftsorientierte Unternehmen nutzen daher den Talentpool der qualifizierten Frauen.

Besetze mehr Führungspositionen mit Frauen!

6.100 Work-Life-Balance

Work-Life-Balance zielt auf mehr Lebensqualität durch Ausgewogenheit zwischen Privat- und Berufsleben. Vier wichtige Lebensbereiche des Einzelnen – Sinn (Lebenssinn), Leistung (Arbeit/Beruf), Kontakt (soziale Beziehungen) und Körper (Gesundheit) – müssen dabei im Gleichgewicht sein. Dazu versuchen moderne Führungskräfte, die individuellen Bedürfnisse der Beschäftigten und die Interessen der Arbeitgeber mit Work-Life-Balance-Maßnahmen weitgehend in Einklang zu bringen [127].

Betriebliche Work-Life-Balance-Maßnahmen, die Arbeitswelt und Privatleben verzahnen, fokussieren sich auf folgende Schwerpunkte [23]:

❏ **Gestaltung der Arbeitszeit im Lebenslauf**
Die Gestaltung der Arbeitszeit im Lebenslauf eines Beschäftigten ist ein zentrales Handlungsfeld zur Balance zwischen Erwerbstätigkeit und Privatleben. So kann bei Teilzeitarbeit die regelmäßige Arbeitszeit verkürzt und bei Sabbaticals die Abwesenheit geregelt werden.

❏ **Flexibilisierung von Zeit und Ort der Leistungserbringung**
Die Flexibilisierung der Arbeitszeit mit betrieblichen Angeboten wie z.B. Teilzeitarbeit, Zeitkonten und Job-Sharing sowie die ortsunabhängige Flexibilisierung durch Telearbeit, die von zu Hause oder unterwegs erledigt werden kann, kommen den Beschäftigten entgegen.

❏ **Bindung der Mitarbeiterinnen und Mitarbeiter**
Zur engeren Bindung guter und wichtiger Mitarbeiterinnen und Mitarbeiter an das Unternehmen dient eine Vielzahl flankierender Serviceangebote wie z.B. soziale Vergütungsbestandteile sowie die Unterstützung bei der Kinder- und Notfallbetreuung.

❏ **Förderung der Gesundheit**
Durch das stärkere Gesundheitsbewusstsein der Bevölkerung bekommt die Gesundheitsprävention einen besonderen Stellenwert. Hier bieten Unternehmen beispielsweise Fitnessangebote und Betriebssport sowie Programme zur Förderung der gesundheitlichen Kompetenz.

Work-Life-Balance-Maßnahmen führen zu einer mehrfachen Win-Situation: die Beschäftigen können Beruf und Privatleben besser miteinander vereinbaren, die Unternehmen profitieren von zufriedenen und leistungsfähigen Mitarbeitern und die Gesellschaft stärkt durch bessere Ausschöpfung des Arbeitspotenzials das gesamtwirtschaftliche Wachstum [11].

Achte auf die Work-Life-Balance!

Wenn eine Sache wert ist,
getan zu werden,
ist sie es auch wert,
ordentlich getan zu werden.

Gilbert Keith Chesterton

7. Kernbotschaften der Erfolgsstrategien

Mit welchen Geschäftsfeldern von morgen können die zukünftigen Bedürfnisse der Kunden bedient werden? Wie können globale Netzstrukturen den
Informationsfluss von Unternehmen dabei unterstützen? Welche grundle-
genden Führungsprinzipien machen Manager erfolgreich? Warum können
die besten Unternehmen permanent Höchstleistungen erbringen? Antworten auf diese Fragen liefern u. a. die Erfolgsstrategien für Manager.

In diesem Kapitel wurden die 100 besten Erfolgsstrategien für Manager
zusammengefasst und nach der Kopf-Formel gegliedert in:

- **die richtigen Geschäfte machen**
  Neue Kundenbedürfnisse und Technologien verändern die Märkte. Der
  zukünftige Erfolg von Unternehmen hängt daher von offensivem
  Innovationsmanagement und intelligenten Geschäftsmodellen ab.

- **die Geschäfte richtig machen**
  Globale Netzwerke, steigende Komplexität und wachsende Geschwin-
  digkeiten sind für die Abwicklung der Geschäftsprozesse – bei gleichzeitiger IT-Sicherheit – eine besondere Herausforderung.

- **die Geschäfte mit richtigen Mitarbeitern machen**
  Im Zentrum des Unternehmens stehen die Mitarbeiter. Für diese
  müssen die Manager den permanenten Wandel von alten in neue
  Arbeitsstrukturen durch Change Management reibungslos gestalten.

- **die Geschäfte mit den richtigen Investments machen**
  Den Managern stellt sich die Aufgabe, die Chancen der Zukunft durch
  neue Allianzen zu nutzen. Hierfür sind die Geschäftsmodelle, Rahmenbedingungen und Infrastrukturen zu schaffen.

Diese Erfolgsstrategien sind quasi die Benchmark, um die eigenen Stärken
und Schwächen mit ihren Chancen und Risiken auszuloten.

Die Erfolgsstrategien bieten einen Fächer von Handlungsempfehlungen an,
mit denen viele Unternehmen Erfolg gehabt haben. Somit werden die Manager
in die Lage versetzt, von den besten Unternehmen zu lernen.

Es sind jedoch nicht alle Erfolgsstrategien gleichzeitig zu realisieren. Vielmehr
verhält es sich mit diesen Strategien wie mit dem riesigen Angebot eines
Kaufhauses. Wer in ein Kaufhaus geht, wird nicht alle sondern nur die
benötigten Artikel erwerben. Ebenso sind nur die Erfolgsstrategien umzusetzen, die aufgrund von Wirksamkeit, Rahmenbedingungen und Timing
Sinn machen. Diese herauszufinden, ist Aufgabe der Manager.

Die Kernbotschaften der besten Erfolgsstrategien, um die richtigen Geschäfte zu machen, sind:

01. Entzünde das Leuchtfeuer der Vision!

02. Verfolge ambitionierte Ziele!

03. Schaffe eine gelebte Innovationskultur!

04. Beherrsche die Komplexität des Wissens!

05. Übe Macht besonnen aus!

06. Entwickle die Märkte strategisch!

07. Beachte die Zufriedenheit und Unzufriedenheit der Kunden!

08. Realisiere optimale Preise!

09. Erschließe die Märkte gezielt!

10. Biete exzellenten Service!

11. Mach Innovation zur Daueraufgabe!

12. Achte auf ein optimales Portfolio der strategischen Geschäftsfelder!

13. Vitalisiere das Unternehmen!

14. Optimiere den Einsatz der Informationstechnik ständig!

15. Strebe Marktführerschaft an!

16. Manage inkrementelle und radikale Innovationen!

17. Sei wachsam für disruptive Technologien!

18. Installiere Innovation Scouts!

19. Öffne den Innovationsprozess durch ein weltweites Experten-Netz!

20. Führe neue Produkte systematisch im Markt ein!

21. Plane top down, realisiere bottom up!

22. Baue die Kernkompetenzen aus!

23. Tue Gutes und kommuniziere darüber!

24. Setze Change Management gezielt ein!

25. Richte das Augenmerk auf den kritischen Weg der wichtigen Projekte!

Die Kernbotschaften der besten Erfolgsstrategien, um die Geschäfte richtig zu machen, sind:

26. Schwöre jeden Mitarbeiter auf das Leitbild ein!

27. Pflege die Softskills der Organisation!

28. Verbanne Parkinsons Gesetz aus dem Büro!

29. Meistere radikalen Wandel durch Business Reengineering!

30. Baue ein duales Organisationssystem auf!

31. Stelle die Unternehmensmannschaft richtig auf!

32. Wähle die richtige Form der Aufbauorganisation!

33. Strukturiere eine große Organisation als Holding!

34. Gestalte das organisatorische Optimum!

35. Entwickle die Organisation kontinuierlich!

36. Unterscheide Management-, Kunden- und Unterstützungsprozesse!

37. Optimiere die Geschäftsprozesse!

38. Überprüfe den Aufgabenbestand kritisch!

39. Arbeite mit optimalen Geschäftsprozessen!

40. Verbessere gleichartige Geschäftsprozesse durch Shared Services!

41. Nutze guten Einkauf zum Gewinn!

42. Plane eine Fabrik mit Spezialisten!

43. Verschlanke die Produktion durch Japan-Diät!

44. Automatisiere regelmäßig!

45. Manage die Wertschöpfungskette!

46. Investiere in ein integriertes Informationssystem!

47. Verwalte die Dokumente mit System!

48. Sichere die wichtigen Informationen des Unternehmens!

49. Setze moderne Kommunikationsmittel ein!

50. Verfolge die Entwicklung von Cloud Computing!

Die Kernbotschaften der besten Erfolgsstrategien, um die Geschäfte mit den richtigen Mitarbeitern zu machen, sind:

51. Berücksichtige bei der Personalpolitik den Wandel der Arbeitswelt!

52. Denke für den internationalen Erfolg global!

53. Vertraue auf Erfahrung!

54. Sei konsequent bei der Selbstorganisation!

55. Netzwerke fokussiert mit Social Media!

56. Perfektioniere die Personalplanung!

57. Sei der beste Chef!

58. Binde die Spitzenkräfte ans Unternehmen!

59. Priorisiere das Talentmanagement!

60. Formiere ein starkes Team!

61. Führe situativ straff-locker!

62. Steigere die Leistung durch coactive Führung!

63. Setze Führungstechniken in Kombination ein!

64. Sorge für ein gutes Betriebsklima!

65. Steuere das Verhalten der Mitarbeiter über Motivation!

66. Betreibe Kompetenzmanagement!

67. Beurteile die Mitarbeiter regelmäßig!

68. Verwirkliche lebenslanges Lernen!

69. Nutze Wissen als wichtigen Wettbewerbsfaktor!

70. Fördere die Mitarbeiter durch permanente Fortbildung!

71. Kontaktiere bei Gesprächsbedarf einen Coach!

72. Nutze die Zeit!

73. Gehe positiv mit Stress um!

74. Sei anpassungsfähig und anpassungsbereit!

75. Folge den Human Resources Trends!

Die Kernbotschaften der besten Erfolgsstrategien, um die Geschäfte mit den richtigen Investments zu machen, sind:

76. Bewahre die finanzielle Unabhängigkeit!

77. Optimiere das Anlagevermögen!

78. Verkürze den Cash-to-Cash Cycle!

79. Wäge die Finanzierung mit Private Equity sorgfältig ab!

80. Nutze die Unternehmensanleihe als Fremdkapitalquelle!

81. Wähle bei einem Börsengang die geeigneten Partner aus!

82. Stelle die Zahlungsfähigkeit zu jeder Zeit sicher!

83. Schütze das Unternehmen vor Risiken!

84. Vermeide Wechselkursrisiken!

85. Sichere volatile Wechselkurse, Rohstoffpreise und Zinsen ab!

86. Steigere den Unternehmenswert nachhaltig!

87. Orientiere das Unternehmen an Benchmarks!

88. Plane den Unternehmenserfolg systematisch!

89. Lerne von den Hidden Champions!

90. Verhindere Unternehmenskrisen durch Controlling!

91. Generiere Wachstum durch stetiges Investieren!

92. Prüfe Leasing bei Investitionsentscheidungen!

93. Setze bei M&A-Projekten ein interdisziplinäres Team ein!

94. Kooperiere – wenn nützlich – in Form eines Joint Ventures!

95. Treffe fundierte Investitionsentscheidungen!

96. Nimm die globale Herausforderung an!

97. Beherrsche Big Data!

98. Beachte den Corporate Governance Kodex!

99. Besetze mehr Führungspositionen mit Frauen!

100. Achte auf die Work-Life-Balance!

Der einzige wahre Realist
ist der Visionär.

Federico Fellini

8. Quo vadis Management

Veränderungen unserer Zeit können schnell, heftig und rasant sein. Unternehmen, die diese Disruptionen in Betracht ziehen, sind besser auf die Zukunft vorbereitet. Hierbei können Visionen wie Leuchtfeuer wirken, die den Weg einer langfristig erfolgreichen Entwicklung markieren (33).

Diese Visionen sind keine realitätsfernen Utopien und geradlinigen Prognosen, sondern kreative, originäre Ideen, die einen heute noch nicht existierenden Entwicklungsstand eines Unternehmens vorwegnehmen. Insofern bilden die Visionen einen ganzheitlichen Bezugsrahmen für einen Entwicklungsprozess, der über die Bewältigung des Tagesgeschäftes hinausgeht und einen Lösungsvorrat für zukünftige Herausforderungen bereithält.

Der Weg „von der Vision zur Aktion" (siehe Abbildung 8) erfolgt über drei unterschiedliche Ebenen und ist eine große Herausforderung für jeden Manager, um eine tiefgreifende und beständige Motivation durch Identifikation bei den Mitarbeitern zu erzielen. Dabei stellen sich den Managern permanent folgende Fragen:

❑ Was sollen wir von den besten Unternehmen lernen?
❑ Wie erkennen wir frühzeitig die Zukunftschancen und -risiken?
❑ Wie können wir uns dem Wandel vorausschauend anpassen?

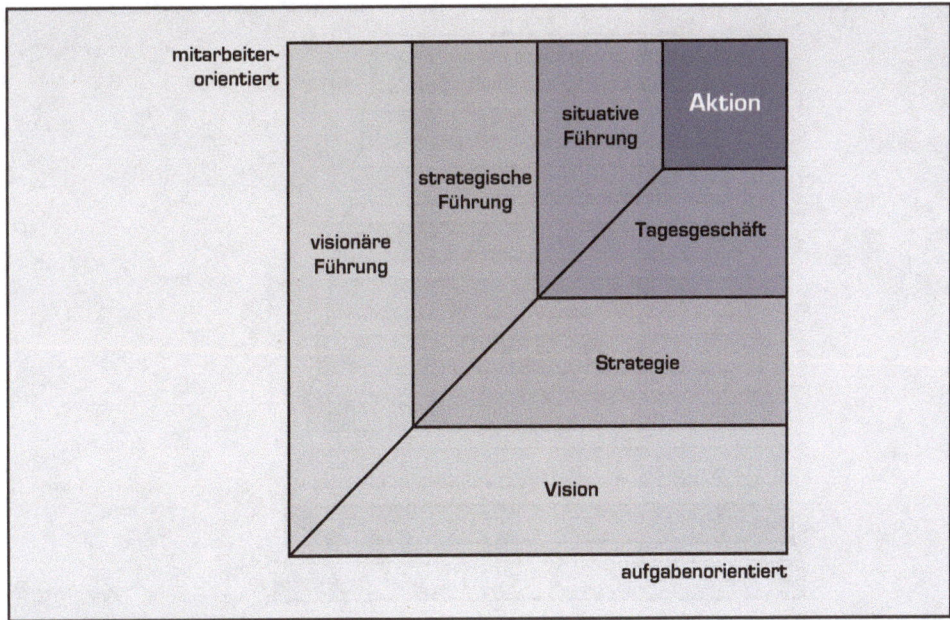

Abbildung 8: Vision into action

8.1 Die Erfolgsmerkmale der besten Unternehmen

Die besten Unternehmen vergrößern – durch Kumulation ihrer Wettbewerbsvorteile – schnell ihren Vorsprung. Daher ist es eminent wichtig, Bester zu sein.

Um den globalen Wettstreit zu gewinnen, setzen viele Unternehmen Benchmarking (engl. Benchmark = Maßstab) ein. Mit dieser Managementmethode, die auf der Orientierung an den Besten einer vergleichbaren Gruppe beruht, werden

- ❐ die Erfolgsmerkmale eines Unternehmens betrachtet
- ❐ die Bestwerte dazu durch Vergleich mit Wettbewerbern ermittelt
- ❐ die dazugehörigen besten Methoden (best practices) identifiziert
- ❐ best practices auf die eigene Situation angepasst und implementiert.

Peters und Waterman [88] haben bei der Suche nach Spitzenleistungen 36 US-Unternehmen analysiert und als Geheimnis des Erfolgs acht Merkmale herausgefunden, die wir entsprechend der KOPF-Formel um die fehlenden Finanzkennzahlen erweitert haben (siehe Abbildung 9). Diese Erfolgsmerkmale haben nach wie vor ihre Bedeutung – sie erfahren jedoch aufgrund der aktuellen Managementherausforderungen eine entsprechende inhaltliche Anpassung.

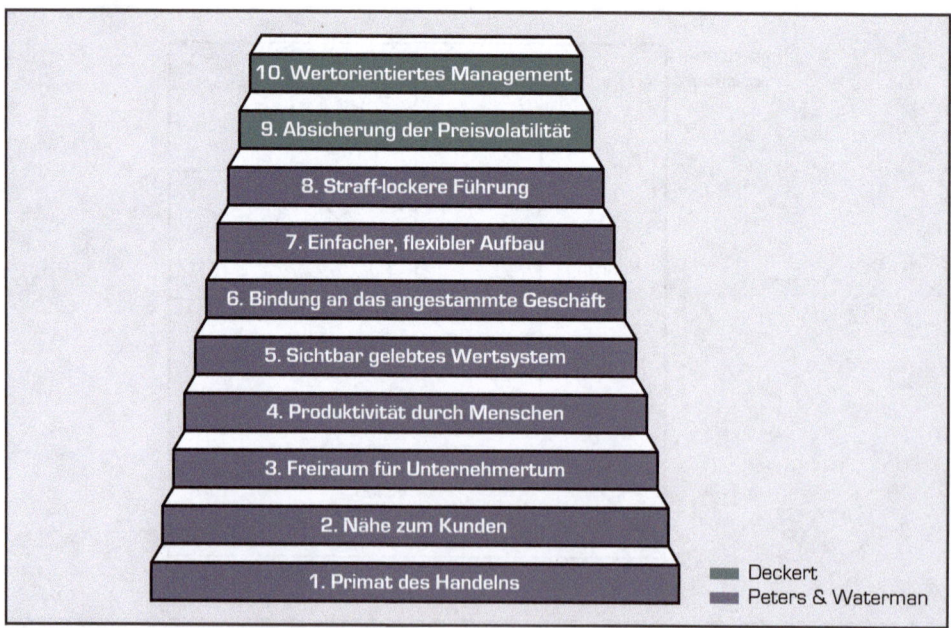

Abbildung 9: Was Unternehmen erfolgreich macht!

Auf die Erfolgsmerkmale wird nachfolgend näher eingegangen.

1. **Primat des Handelns**

   Es ist einfacher, Probleme zu lösen, als mit ihnen zu leben. Die so handelnden Unternehmen sind vital und haben eine große Problemlösungskompetenz und eine beispielhafte Innovationskraft.

2. **Nähe zum Kunden**

   Die besten Unternehmen hören ihren Kunden permanent zu, erfahren so deren Bedürfnisse und liefern erstklassige Qualität und unvergleichlichen Service – das Beste für's Geld.

3. **Freiraum für Unternehmertum**

   Die Erweiterung des Entscheidungs- und Kontrollspielraumes sowie des Tätigkeitsspielraumes der Mitarbeiter schafft die Voraussetzung für viele unternehmerische Akteure.

4. **Produktivität durch Menschen**

   Es sind die Mitarbeiter, die ein Unternehmen vital machen oder seine Vitalität verhindern. Ihre Leistung ergibt sich dabei aus dem Leistungsvermögen mal der Leistungsbereitschaft.

5. **Sichtbar gelebtes Wertsystem**

   Werte sind heute für ein dynamisches und erfolgreiches Unternehmen das Wichtigste, um eine gemeinsame Basis an Regeln und Zielen in den Herzen und Köpfen der Mitarbeiter zu verankern.

6. **Bindung an das angestammte Geschäft**

   Diversifikationen machen nur dann Sinn, wenn sie sich auf das angestammte Geschäft bzw. verwandte Sektoren konzentrieren.

7. **Einfacher, flexibler Aufbau**

   Erfolgreiche Konzerne haben sich vom bürokratischen Ozeanriesen zu flexiblen Schnellbooten gewandelt, so dass sie neue Geschäftsfelder schnell integrieren können.

8. **Straff-lockere Führung**

   Führungserfolg wird situativ mit unterschiedlichen Führungsstilen erreicht. Situative Führung bedeutet daher: so viel Führung wie nötig, so wenig Kontrolle wir möglich.

9. **Absicherung der Preisvolatilität**

   Vermeide unkalkulierbare Risiken. Informations-, Material- und Wertfluss von volatilen Rohstoffen bilden ein untrennbares Ganzes und sind über die gesamte Wertschöpfungskette permanent zu bilanzieren.

10. **Wertorientiertes Management**

    Wertorientiertes Management zielt auf konsequente Wertsteigerung durch effiziente Ressourcennutzung und profitables Wachstum.

8.2 Die aktuellen Managementherausforderungen

Neue Märkte der Zukunft verändern die Inhalte und Spielregeln im Geschäftsleben und erfordern eine vorausschauende Anpassung der Unternehmen. Um die zukünftigen Chancen und Risiken frühzeitig zu erkennen, müssen sich erfolgreiche Manager – heute mehr denn je – mit strategischen Zukunftsfragen auseinandersetzen.

Den notwendigen Weitblick dazu liefert die Trendforschung, die von John Naisbitt [84] mit dem Begriff „Megatrends" entscheidend geprägt worden ist. Megatrends haben für Unternehmen jedoch nur dann einen Wert, wenn diese Megatrendinformationen auf zukünftige Märkte sowie Produkt- und Managementinnovationen unternehmensspezifisch transferiert werden können.

Der Einfluss des Wandels auf das Umfeld sowie auf die Produkte und Organisation von Unternehmen wird nachfolgend näher betrachtet (129).

Umfeldveränderungen
Der demographische Wandel mit Alterung und Schrumpfung der Bevölkerung in den westlichen Ländern und einem Geburtenboom in den Entwicklungsländern führt zu einem neuen Konsumverhalten mit neuen Märkten. Zu einem nachhaltigen Konsum in den Industrieländern besteht ein Nachholbedarf an Luxusgütern in China, Indien und Russland sowie ein Partizipationsbedürfnis der dritten Welt am westlichen Wohlstand.

Die Welt wird zum globalen Dorf mit einem starken Wachsen der Städte verbunden mit neuen Wohn- und Lebensformen sowie einer kulturellen Vielfalt. Die Mobilität steigt global an und führt zum Ausbau der Verkehrsinfrastrukturen. Neue Kommunikationsmöglichkeiten wie z.B. das Internet prägen einen digitalen Lebensstil, der das virtuelle Leben zur Realität werden lässt.

Die Menschen entwickeln ein starkes Gesundheitsbewusstsein sowie eine zunehmende Selbstverantwortung. Dies beflügelt die Marktentwicklung in den Bereichen Ernährung, Medizin, Pharma und Sport. Mehr Individualismus führt zu speziellen Bedarfsanforderungen, zu einer Do-it-yourself-Mentalität sowie neuen Beziehungsnetzen mit wenigen starken und vielen losen Bindungen.

Mit zunehmender Globalisierung wachsen weltweit die Sicherheitsbedrohungen und das Weltwirtschaftsrisiko. Andererseits hat die omnipräsente Transparenz eine wache Gesellschaft zur Folge, die Normabweichungen ständig überwacht und kontrolliert sowie weltweit kommuniziert.

Produktveränderungen

Die Halbwertszeit und damit der Lebenszyklus von Produkten werden aufgrund der schnelllebigen Zeit immer kürzer. Die Märkte, die global wachsen, sowie Branchen und Unternehmen formieren sich zu neuen Wertschöpfungsketten mit offenen Systemen und geringerer Kundenbindung. Produktinnovationen sind Treiber und Wettbewerbsfaktor.

Viele Unternehmen setzen auf ein ausgefeiltes internes F&E-Management in Kombination mit Open Innovation, um Innovationsanstöße durch Lead User, Innovationsplattformen, Innovation Intermediaries und Cross Industry Innovationen zu erhalten.

Globalisierung, die mit einer Zunahme von Reisen und Kommunikation verbunden ist, vermindert die Kreativität des Managements. Deshalb praktizieren viele Unternehmen über das betriebliche Vorschlagswesen hinaus ein Innovation Scouting, das u.a. durch professionelles Personalmanagement ein gutes Innovationsklima schafft.

Mit der Verknappung von strategisch wichtigen Rohstoffen wie z.B. Öl, Kupfer, Zucker etc. schwanken deren Preise enorm. Hierdurch können existentielle Unternehmensrisiken entstehen, die es durch ganzheitliche Bilanzierung ihrer Informations-, Material- und Wertströme abzusichern gilt.

Organisationsveränderungen

Fortschreitende Automatisierung mit kürzeren Technologiezyklen und sich verändernden Wertsystemen führt zu einer orts- und zeitungebundenen Dynamisierung der Arbeit. Flexible und interaktive Arbeitsstrukturen mit neuen Lieferketten und Systemen sind die Folge. Managementinnovationen werden zum zentralen Treiber und Wettbewerbsfaktor.

Umweltbelastung und Klimawandel fordern saubere Technologien zur Reduzierung der CO_2-Belastung. Organisatorisch bedarf es flexibler Organisationsstrukturen, die sich schnell an den Wandel anpassen können, und IT-Applikationen, mit denen die zunehmende Komplexität beherrschbar wird.

Die Personalsituation wird geprägt durch die Integration von Frauen in das Erwerbsleben sowie kurze Reaktionszeiten zur Abwicklung der extrem schnellen Geschäftsprozesse. Um diese komplexe Führungsaufgabe zu beherrschen, bedarf es eines in den Herzen und Köpfen der Mitarbeiter verankerten Leitbildes.

Da sich in modernen Turbo-Organisationen Fehler metastasenhaft ausdehnen würden, ist Nullfehler als Qualitätsstandard angesagt. Desweiteren hat Risikomanagement eine große Bedeutung, um Schaden für Unternehmen zu vermeiden bzw. im Notfall die richtigen Maßnahmen zu ergreifen.

8.3 Die Organisation der Zukunft

Wir leben in einer Welt des Wandels mit Turbulenzen und Disruptionen. Um diese Veränderungen als Chance zu nutzen, müssen Unternehmen Innovationen proaktiv und systematisch managen. Damit stehen die Unternehmen vor einer großen Herausforderung, die über das Tagesgeschäft hinaus die zukünftigen Entwicklungen und Geschäfte betrifft.

Das Zukunftsgeschäft Innovationsmanagement, das Produktinnovationen sowie technologische und administrative Prozessinnovationen umfasst, verlangt ein anderes Wertsystem und andere Kompetenzen als das Tagesgeschäft. Innovationsmanagement wird getragen durch eine katalysatorische Innovationskultur mit dem Bekenntnis zu Neuem, der Offenheit für Neues, dem Mut zu Neuem und der Leidenschaft für Neues.

Diese Anforderungen des Zukunftsgeschäfts können jedoch mit den traditionellen Organisationsformen – wegen ihrer starren und behäbigen Dienstwege – nicht zufriedenstellend erfüllt werden. Andererseits stellt die hierarchische Organisationsstruktur die Einheit der Leitung sicher und eignet sich gut für das Tagesgeschäft, um Kundenaufträge mit vorhandenen Arbeitsabläufen präzise, schnell und wirtschaftlich zu erledigen.

Wie sollten nun Zukunftsgeschäft und Tagesgeschäft organisiert sein?

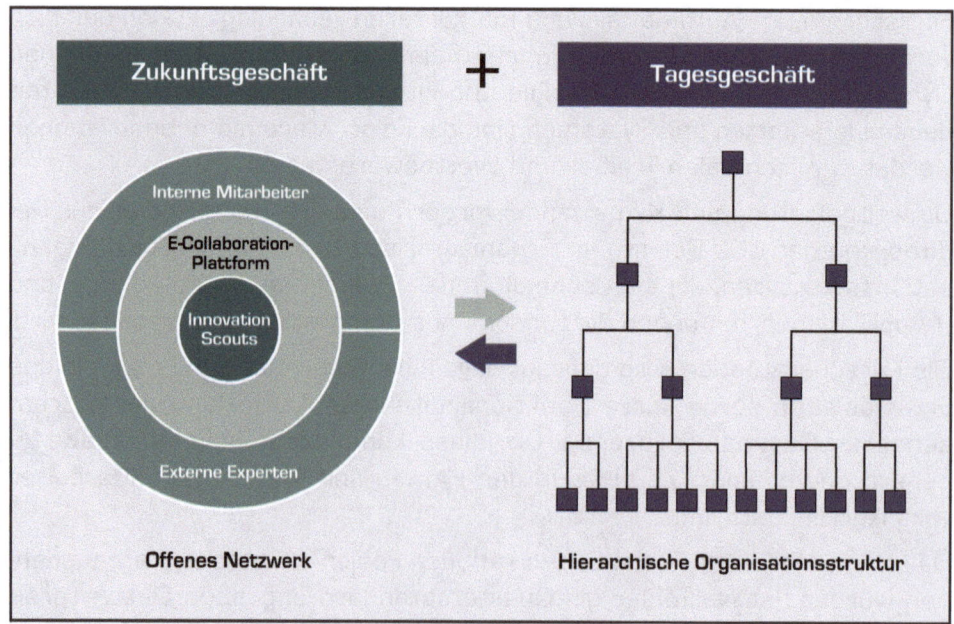

Abbildung 10: Aufbauorganisation der Zukunft

Die zukunftsorientierte Organisation eines Unternehmens, die auch von John P. Kotter [71] empfohlen wird, besteht aus zwei Organisationssystemen (siehe Abbildung 10):

☐ einer hierarchischen Organisationsstruktur für das Tagesgeschäft
☐ einem offenen Netzwerk für das Zukunftsgeschäft

Das offene Netzwerk wird durch eine E-Collaboration-Plattform betrieben, in deren Zentrum sich Innovation Scouts befinden (26) und die alle Mitarbeiter sowie die besten Experten weltweit einbindet. Somit können durch Open Innovation die innovativsten Lösungen gefunden werden.

Die Innovation Scouts managen das Zukunftsgeschäft mit Hilfe des Innovationstrichters (siehe Abbildung 11), indem sie Innovationsideen über das Netzwerk permanent kreieren, deren Machbarkeit im Rahmen von Projektskizzen prüfen, die Projekte unterstützend coachen sowie die Umsetzung der Innovationen im Tagesgeschäft forcieren.

Zwischen offenem Netzwerk und hierarchischer Organisationsstruktur, die eng miteinander verbunden sind, findet nicht nur eine ständige Kommunikation sondern auch ein Mitarbeiterwechsel statt. Durch diesen Austausch verbessern sich die Machbarkeitserfahrungen beim Zukunftsgeschäft und das Innovationsverständnis beim Tagesgeschäft. Gleichzeitig eröffnen sich den Mitarbeitern attraktive Karrieremöglichkeiten.

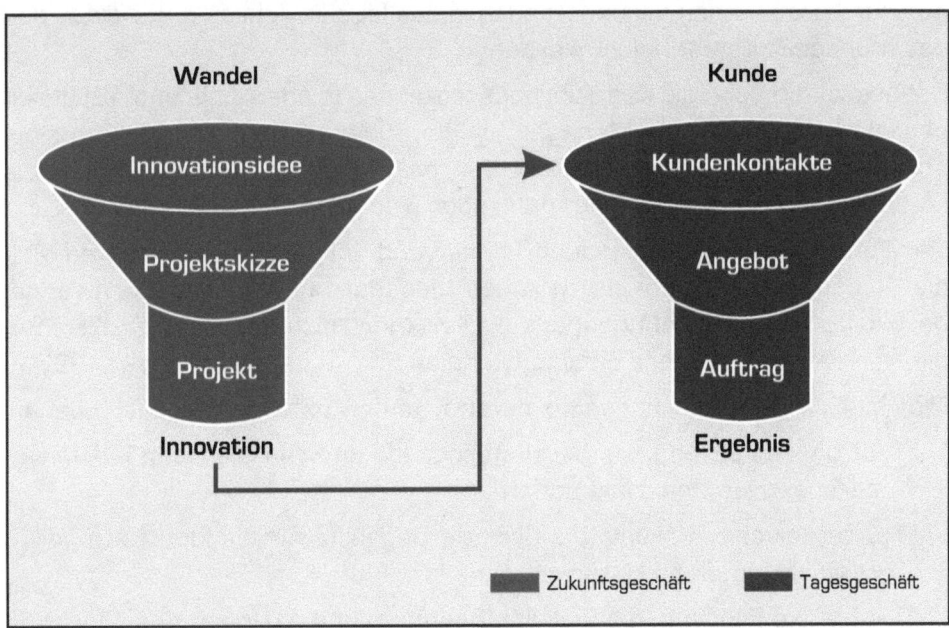

Abbildung 11: Ablauforganisation der Zukunft

8.4 Die neue Rolle der Manager

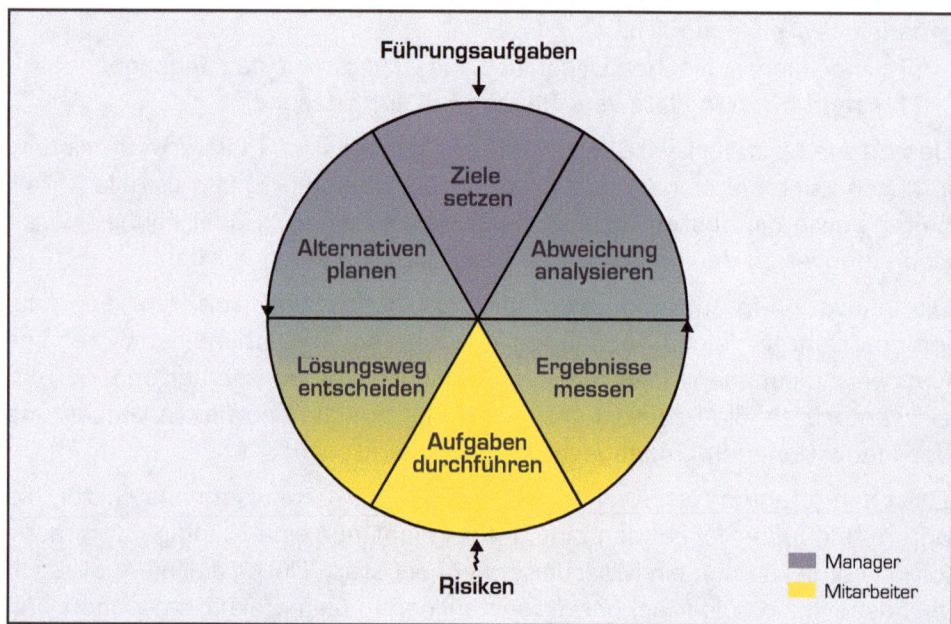

Abbildung 12: Führungsprozess

Aufgrund der raschen Veränderungen in den letzten Jahren muss die Arbeit des Managers neu definiert werden.

Dabei sind die Schritte des Führungsprozesses (siehe Abbildung 12) gleich geblieben. Während die Manager für das Zielsetzen verantwortlich sind, obliegt den Mitarbeitern das Durchführen. Planen und Entscheiden sowie Messen und Analysieren sind mehr oder weniger kooperative Vorgänge.

Der Führungsprozess ist jedoch flacher und schneller geworden, da sich die Kompetenzunterschiede zwischen Managern und Mitarbeitern verringert haben. Das Beziehungsgeflecht verlagert sich von der Vertikalen in die Horizontale mit mehr Eingangskanälen und Außenbeziehungen (82).

Dies bedingt neue Führungsanforderung auf drei unterschiedlichen Ebenen:

❐ visionäre Führung, die herausfordernde und realisierbare Zukunftsperspektiven und -ziele schafft,

❐ strategische Führung, die Orientierungshilfe für die Identität und Entwicklung eines Unternehmens ist, und

❐ situative Führung, die Einzelmaßnahmen und Aktionen des Tagesgeschäftes adäquat umsetzt.

Für die neue Rolle der Manager gelten folgende Führungsrichtlinien:

1. **Führungsaufgaben beherrschen**

   Vision into action führt zu mehr Projekten und weniger Daueraufgaben mit einem größeren Führungsaufwand. Zur professionellen Entscheidungsvorbereitung benötigen die Manager daher einen hochqualifizierten Beraterstab.

2. **Führungsprozess steuern**

   Aufgrund der hohen Komplexität und Geschwindigkeit der Entscheidungsprozesse können diese nur mit professionellen Führungsinstrumenten erfolgreich gesteuert werden.

3. **Klare Ziele vermitteln**

   Um ihre Arbeit reibungslos erledigen zu können, erwarten die Mitarbeiter ein Leitbild, das die gemeinsame Basis an Zielen und Spielregeln repräsentiert, sowie eine eindeutige Ansage im Tagesgeschäft.

4. **Alternativen prüfen**

   Erfolgreiche Manager denken in alternativen Lösungen. Dabei gilt: Je mehr Planung am Anfang, umso weniger Controlling am Ende.

5. **An Entscheidungen beteiligen**

   Wichtig ist es, mit den Verantwortlichen die Umsetzungspläne zu erörtern und die erforderlichen Ressourcen zu dimensionieren.

6. **Verantwortung einfordern**

   Jeder Mitarbeiter muss die Kompetenz erhalten, die er zur Aufgabenerledigung benötigt. Gleichzeitig übernimmt er aber auch die Verantwortung, die übernommenen Aufgaben richtig durchzuführen.

7. **Ergebnisse controllen**

   Der Manager muss Qualität, Zeit und Kosten der wichtigen Arbeiten mit einem aktuellen Informationssystem permanent im Auge behalten.

8. **Arbeitsergebnisse besprechen**

   Die Arbeitsergebnisse werden analysiert und diskutiert. Dabei lernen die Mitarbeiter, besser zu werden. Gute Leistung sollte prämiert werden. Unter Umständen muss die Zielsetzung verändert werden; in diesem Fall beginnt der Führungsprozess von vorn.

9. **Risiken managen**

   Durch Risikofrüherkennung und Risikobewertung ist eine Risikostrategie zu entwickeln, um bedrohliche Risiken für das Unternehmen zu vermeiden bzw. im Ernstfall richtig und schnell agieren zu können.

10. **Öffentlichkeit informieren**

    Da die Öffentlichkeit ein hohes Interesse an Information und Transparenz hat (siehe z.B. Quartalszahlen), **tue Gutes und rede darüber**.

Für das Können
gibt es nur einen Beweis,
das Tun.

Marie von Ebner-Eschenbach

Literaturverzeichnis

(1) **Armin Anwander:** Organisationskultur: Was Organisationen zusammen hält und bewegt, www.bertelsmann-stiftung.de

(2) **Thomas Bachmann, Anne Jansen und Eveline Mäthner:** Coaching aus der Perspektive von Coachs und Klienten – Ein Beitrag zur Wirkungsforschung und Qualitätssicherung im Coaching, Coaching Kongress, Wiesbaden 2003

(3) **Berthold Barodte, Roman Boutellier und Adrian Fischer:** Eingeschränkter Blick, in: Harvard Business manager, November 2007, S. 2-4

(4) **Thomas Bauernhansl:** Fabrikbetriebslehre I – Management in der Produktion, Vorlesung Uni Stuttgart 2012

(5) **Roland Berger:** Global Automation Industry Study 2015, München 2009

(6) **Roland Berger und Creditreform:** Working Capital im deutschen Mittelstand im Vergleich zu Großunternehmen, München/Neuss, Oktober 2010

(7) **Oliver Berrer und Carsten Deckert:** Dokumente mit System managen, in: ZWF Jahrg. 101 (2006) 5, S. 302/30

(8) **BITKOM:** Big Data im Praxiseinsatz – Szenarien, Beispiele, Effekte, Berlin 2012

(9) **Bundesamt für Sicherheit in der Informationstechnik – BSI:** Cloud Computing Grundlagen, https://www.bsi.bund.de/DE/Themen/CloudComputing/Grundlagen...

(10) **Bundesamt für Sicherheit in der Informationstechnik – BSI:** Leitfaden Informationssicherheit, Bonn 2012

(11) **Bundesministerium für Familie, Senioren, Frauen und Jugend:** Work-Life-Balance – Motor für wirtschaftliches Wachstum und gesellschaftliche Stabilität, Berlin 2005

[12] **Bundesministerium für Familie, Senioren, Frauen und Jugend:** Frauen in Führungspositionen – Barrieren und Brücken, Berlin 2012

[13] **Bundesministerium für Wirtschaft und Technologie (BMWi):** GründerZeiten 23 – Controlling, Berlin 2012

[14] **Bundesverband der Deutschen Industrie e.V. (BDI):** Investieren in Deutschland – Die Sicht des Investors, Berlin Juni 2011

[15] **Bundesverband Deutscher Leasing-Unternehmen e.V.:** Jahresbericht 2011/12, Berlin 2012

[16] **Bundesverband Informationswirtschaft, Telekommunikation und neue Medien e.V. - BITKOM:** Cloud Computing – Was Entscheider wissen müssen, Berlin 2010

[17] **Kai-D. Bussmann, Claudia Nestler und Steffen Salvenmoser:** Compliance und Unternehmenskultur – Zur aktuellen Situation in deutschen Großunternehmen, Frankfurt am Main und Halle an der Saale Februar 2010

[18] **Robert C. Camp:** Benchmarking, München, Wien 1994

[19] **Capgemini Deutschland GmbH:** Change Management Studie 2010, München 2010

[20] **Henry Chesbrough:** Open Innovation, Boston 2006

[21] **Clayton M. Christensen:** The Innovator´s Dilemma, New York 2011

[22] **Commerzbank AG:** Gefahren voraussehen und konsequent absichern – Risikomanagement, Frankfurt 2013

[23] **Jenny Czurlok:** Erfolgsfaktor Work Life Balance – Gestaltungsmaßnahmen zur Vereinbarkeit von Berufs- und Privatleben als neue Herausforderung für Unternehmen, Nürnberg 2007

(24) **Carsten Deckert:** Anleitung zum Uninnovativsein, Norderstedt 2009

(25) **Carsten Deckert:** DABEI-Innovationsklima-Index 2011, Düsseldorf 2011

(26) **Carsten Deckert:** Innovation Scouting – Wie Sie systematisch Innovationschancen ausloten, in: KM-Journal 02/2011, S. 1/6

(27) **Carsten Deckert:** Störfaktor Kreativität, in: Innovations-Forum 4/2011, S. 15-16

(28) **Carsten Deckert und Klaus Deckert:** Innovationsoffensive, in: Deckert Management Report Innovation 2011, S. 4/6

(29) **Carsten Deckert und Karl-Heinz Heinrich:** Strategieatlas – Wertsteigerung durch Strategie, in: Deckert Management Report Sommer 2008, S. 4/6

(30) **Klaus Deckert:** Der Weg zum optimalen Geschäftsprozess, in: Klaus Deckert (Hrsg.), Geschäftsprozesse optimieren, Düsseldorf 1997, S. 7/30

(31) **Klaus Deckert:** Organisationen organisieren, Erfurt/Bonn 1991, S. 6 ff.

(32) **Klaus Deckert:** Mit neuen Strategien zum Erfolg, in: Blick durch die Wirtschaft 8.1.1980, Frankfurt

(33) **Klaus Deckert:** Personal fördern und fordern, Aachen 1994

(34) **Klaus Deckert (Hrsg.):** Vitalitätsmanagement mit KOPF, München-Düsseldorf 1999

(35) **Klaus Deckert und Michael Indra:** Projektmanagement, in: Deckert Management Report Sommer 2006, S. 4/6

(36) **Klaus Deckert und Ferdinand Wind:** Das Neue Steuerungsmodell, Köln 1996

[37] **Klaus Deckert und Volker Wittberg:** Mehr Leistung durch coactive Führung, in: Unternehmensberater 2/98, S. 49-52

[38] **Deutsche Bank AG:** Planen Sie mit uns Ihre Finanzen und Ihren Erfolg, Frankfurt am Main 1984

[39] **Deutsche Börse AG:** Being Public-Checkliste, Frankfurt 2013

[40] **Deutsche Börse AG:** Finanzierung über die Börse – Eigen- und Fremd-kapital für den Mittelstand, Frankfurt 2012

[41] **Deutsche Börse AG:** Going Public-Checkliste, Frankfurt 2013

[42] **Peter Drucker:** Innovation and Entrepreneurship, New York 2006

[43] **Soumitra Dutta:** Wie Sie Social Media richtig nutzen, in: Harvard Business manager, April 2011, S. 22-30

[44] **Bernd Eichler und Karl A. Niggemann:** Cash we can, in: Deckert Management Report Frühjahr 2009, S. 4/6

[45] **Europäische Gemeinschaft:** Schlüsselkompetenzen für lebens-langes Lernen – ein Europäischer Referenzrahmen, Luxemburg 2007

[46] **Adrian Marc Fischer:** Risikomanagement in mittelständischen Un-ternehmen: Methodisches Vorgehen bei der Implementierung und dessen Erfolgsfaktoren, Eidgenössische Technische Hochschule Zürich 2008

[47] **John H. Fleming, Curt Coffman und James K. Harter:** Manage Your Human Sigma, in: Harvard Business Review, July-August 2005, S. 1-8

[48] **Richard N. Foster:** Innovation – Die technologische Offensive, Wiesbaden 1986

[49] **Fraunhofer IAIS:** Big Data – Vorsprung durch Wissen – Innovations-potenzialanalyse, Sankt Augustin

(50) **John P. R. French Jr. und Bertram H. Raven:** The bases of social power, in: D. Cartwright and A. Zander (eds.), Group dynamics (pp. 607-623), New York 1960

(51) **Aloys Gälweiler:** Unternehmensplanung, Frankfurt/New York 1974, S. 265

(52) **Bill Gates:** in: Q-Finance (Hrsg.): Employees quotes, http:// www. qfinance.com/finance-and-business-quotes/employees

(53) **Christiane Geighardt-Knollmann:** DGFP Studie: Megatrends und HR Trends, Düsseldorf 7/2011

(54) **Rüdiger Goll und Carsten Deckert:** Optimale Unternehmensgröße – Wertsteigerung durch Mergers & Acquisitions, in: Deckert Management Report Sommer 2007, S. 7/9

(55) **Jürgen Großmann:** Selbstmanagement, Erlangen 2009

(56) **Michael Hammer und James Champy:** Business Reengineering, Frankfurt/New York 1994

(57) **Haufe.Whitepaper:** Strategische Personalplanung, www.personalplanung-der-zukunft.de, Freiburg 2010

(58) **Helg plus Fischer:** Stressbewältigung – eine Notwendigkeit im modernen Berufsalltag, www.helgplusfischer.net

(59) **Gertrud Höhler:** Spielregeln für Sieger, Düsseldorf, Wien, New York und Moskau 1993

(60) **Richard Hoffmann, Stefanie Knirsch und Liisi Karindi:** Die Gründung eines Joint Ventures in China, Dezan Shira & Associates Ltd., Beijing 2007

(61) **Christian Homp und Wilfried Krüger:** Kernkompetenz-Management, Wiesbaden 1997

(62) **Herminia Ibarra und Otilia Obodaru:** Visionärinnen gesucht, in: Harvard Business manager, März 2009, S. 62/75

[63] **IBM:** Das Unternehmen der Zukunft, Stuttgart/Wien/Zürich 2008

[64] **IBM Global Business Services:** Analytics: Big Data in der Praxis – Wie Unternehmen ihre Datenbestände effektiv nutzen, Ehningen/ Wien/Zürich 2012

[65] **Mansour Javidan, Mary Teagarden und David Bowen:** Der globale Manager, in: Harvard Business manager, Juni 2010, S. 24-33

[66] **Jürgen Jaworski und Frank Zurlino:** Innovationskultur – Vom Leidensdruck zur Leidenschaft, Frankfurt 2009

[67] **Simone Kaiser, Katharina Hochfeld, Elena Gertje und Martina Schraudner:** Unternehmenskulturen verändern – Karrierebrüche vermeiden, Berlin 2012

[68] **Noriaki Kano:** Attractive Quality and Must-be Quality, in: Journal of the Japanese Society for Quality Control, 4/1984

[69] **Iwao Kobayashi:** Die Japan-Diät, Landsberg/Lech 1994

[70] **Klaus Kock und Edelgard Kutzner:** Betriebsklima – Überlegungen zur Gestaltbarkeit eines unberechenbaren Phänomens, Dortmund 2006

[71] **John P. Kotter:** Die Kraft der zwei Systeme, in: Harvard Business manager, Dezember 2012, S. 22-36

[72] **KPMG:** Private Equity – Ein Leitfaden für Familienunternehmen und Mittelstand, Berlin 2012

[73] **Carsten Kratz, Alexander Roos, Udo Jung und André Kronimus:** Performance Upgrade: Nachhaltige Wertsteigerung, München 2008

[74] **Kenneth C. Laudon, Jane P. Laudon und Detlef Schoder:** Wirtschaftsinformatik – Eine Einführung, www.pearson-studium.de/media_ remote/.../9783827373489bsp.pdf

[75] **Wolfgang Leese und Klaus Deckert:** Vitalitätsmanagement mit KOPF, in: intra manager Sommer 2000, S. 4/6

[76] **Richard Leifer et al.:** Radical Innovation, Boston 2000

[77] **Kurt Lewin:** Die Lösung sozialer Konflikte, Bad Nauheim 1953

[78] **Till R. Lohmann und Elmar Görtz:** Baustelle HR-Businesspartner-Organisation, www.pwc.de/de/peopleandchange, April 2012

[79] **Abraham H. Maslow:** A Theory of Human Motivation, in: Psychological Review 1943, Vol. 50/4, S. 370 ff.

[80] **Jürgen Matthes, Christina Langhorst und Bodo Herzog:** Deutschland in der Globalisierung, Sankt Augustin/Berlin 2008

[81] **Andrew McAfee und Erik Brynjolsson:** Besser entscheiden mit Big Data, in: Harvard Business manager, November 2013, S. 22-30

[82] **Rosabeth Moss Kanter:** Des Managers neue Arbeit, in: James Champy und Nitin Nohria, Speed! – Schneller als die Konkurrenz, Düsseldorf Regensburg 1997, S. 272 ff.

[83] **Bansi Nagji und Geoff Tuff:** Managing Your Innovation Portfolio, in: Harvard Business Review, May 2012, S. 66-74

[84] **John Naisbitt:** Megatrends. Zehn Perspektiven, die unser Leben verändern werden, München 1988

[85] **namics ag:** E-Collaboration – Mehrwerte durch moderne Kommunikationsmittel schaffen, St. Gallen 2008

[86] **Reinhold Niebuhr:** Gelassenheitsgebet, http://zitate.net/reinhold niebuhr.html

[87] **C. Northcote Parkinson:** Parkinsons Gesetz, Düsseldorf/Stuttgart 1958

[88] **Thomas J. Peters und Robert H. Waterman Jr.:** Auf der Suche nach Spitzenleistungen – Was man von den bestgeführten US-Unternehmen lernen kann, Landsberg/Lech 1991

[89] **Werner Pfeiffer, Gerhard Metze, Walter Schneider und Robert Amler:** Technologie-Portfolio zum Management strategischer Zukunftsgeschäftsfelder, Göttingen 1982, S. 50

[90] **C.K. Prahalad und Gary Hamel:** The Core Competence of the Corporation, in: Harvard Business Review, May-June 1990, S. 79-91

[91] **Prognos AG:** Investitionsbewertung – Strategische und wirtschaftliche Fundierung von Investitionsentscheidungen, Basel 2013

[92] **Cuno Pümpin und Jürgen Prange:** Management der Unternehmensentwicklung, Frankfurt/New York 1991

[93] **Lasse Pütz:** Compliance – Eine Einführung in die Thematik, Hans-Böckler-Stiftung, Düsseldorf Mai 2011

[94] **Josef Quester:** Teamgeist – Mit wirkungsvollen, kreativen Methoden zu starken Teams, 6. Internationaler Hamburger Sport-Kongress 04.11.2012

[95] **Regierungskommission:** Deutscher Corporate Governance Kodex, 13. Mai 2013

[96] **RKW-Kompetenzzentrum:** Markteinführung neuer Produkte, Faktenblatt 2/2010, Eschborn

[97] **Hans Joachim Röpke und Stefan Steinberg:** Optimierung der Supply Chain, in: Deckert Management Report Frühjahr 2009, S. 10/12

[98] **Jutta Rump:** Wandel in der Personalpolitik, web.fh-ludwigshafen.de/rump/.../Wandel%20in%20der%20Personal...

(99) **Salzgitter AG:** http://www.salzgitter-ag.de/de/Konzern/
Leitbild_5P

(100) **Stephanie Saul:** Vitales Personal = IQ x EQ – Erfolgsformel für
modernes Personalmanagement, in: intra manager, Düsseldorf
Sommer 2000

(101) **August-Wilhelm Scheer:** Architektur integrierter Informationssysteme, Berlin 1992

(102) **Joachim Scheide:** Globalisierung und die deutsche Wirtschaft –
Gewinner und Verlierer?, Kiel WS 2008/2009

(103) **Edgar H. Schein:** Organizational Culture and Leadership,
San Francisco 2004

(104) **Nikolaus Schmidt, Nika Mizerski und Julian Mauhart:** HR-Bench-
mark 2011, Deloitte, Wien 2011

(105) **Friedemann Schulz von Thun:** Miteinander reden, Band 1: Störungen
und Klärungen, Reinbek bei Hamburg 1998

(106) **Stefan Schweiger und Hans-Rudolf Stutz:** Strategische Marktentwicklung, in: Deckert Management Report Innovation 2011, S.
16/18

(107) **Harriet Sebald, Andreas Enneking und Oda Wöltje:**
Talent Management zwischen Anspruch und Wirklichkeit,
www.towerssperrin.de, Frankfurt 2005

(108) **Lothar J. Seiwert:** 10 Zeitgewinn-Regeln für Ihren Erfolg,
www.seiwert.de

(109) **Peter M. Senge:** Die fünfte Disziplin: Kunst und Praxis der lernenden Organisation, Stuttgart 2011

(110) **Gunnar Siebert und Stefan Kempf:** Benchmarking: Leitfaden für
die Praxis, München 2008

[111] **Hermann Simon:** Hidden Champions – Aufbruch nach Globalia: Die Erfolgsstrategien unbekannter Weltmarktführer, Frankfurt/New York 2012

[112] **Swami Sivananda:** How to Cultivate Virtues and Eradicate Vices, Himalayas, India, 2006

[113] **Dieter Spath et al.:** Integriertes Innovationsmanagement, Erfolgsfaktoren – Methoden – Praxisbeispiele, Stuttgart 2003

[114] **Statistisches Bundesamt:** Presseerklärung vom 8. November 2005

[115] **Ralph M. Stogdill und Alvin E. Coons:** Leader behavior: its description and measurement, Ohio State University 1957

[116] **The Swedish Public Relations Association:** Return on Communications, Stockholm 1996

[117] **ThyssenKrupp:** Wertorientiertes Management im ThyssenKrupp Konzern, Essen 2013

[118] **Topmanager erzählen:** Lektionen des Lebens, in: Harvard Business manager, November 2008, S. 10-20

[119] **UBS AG:** Devisen- und Geldmarktgeschäfte, Zürich 2013

[120] **VDI/VDE-Gesellschaft Mess- und Automatisierungstechnik:** Automation 2020, Düsseldorf 2009

[121] **Verlag für die deutsche Wirtschaft AG:** Halten Sie Ihre Top-Leistungsträger mit den 5 wichtigsten Motivatoren langfristig, www.vorgesetzter.de/.../halten-sie-ihre-top-leistungstraeger-mit-den-..., Bonn 2012

[122] **Cay von Fournier:** Der perfekte Chef, Frankfurt/New York 2006

[123] **Bernhard von Guretzky:** Der Wissensmanager, http://www.community-of-knowledge.de/beitrag/der-wissensmanager/, 2002

[124] **Eric von Hippel:** The sources of innovation, Oxford 1988

(125) **Bolko v. Oetinger (Hg.):** Das Boston-Consulting-Group-Strategie-Buch, Düsseldorf, Wien, New York, Moskau 1993, S. 405

(126) **Lutz von Rosenstiel:** Betriebsklima und Leistung – eine wissenschaftliche Standortbestimmung, in: Handbuch Betriebsklima, München und Mering 2003

(127) **Ursula Vormwald:** Wie steht es um Ihre Work-Life-Balance?, www.akademi.de/print/1939, 17.12.2013

(128) **Horst Wildemann:** Einkaufspotenzialanalyse zur partnerschaftlichen Erschließung von Rationalisierungspotenzialen, München 2008

(129) **www.z-punkt.de:** Der Trend zum Megatrend, Köln Karlsruhe Berlin 2008

Alles Wissen stammt aus
der Erfahrung.

Immanuel Kant

Stichwortverzeichnis

Das Geheimnis des Erfolges ist,
den Standpunkt des anderen zu verstehen.

Henry Ford

Autor

Prof. Dr. Ing. Dipl.-Wirt. Ing. Klaus Deckert ist geschäftsführender Gesell-schafter der Deckert Management Consultants GmbH. Er berät seit mehre-ren Jahrzehnten das Management von internationalen Konzernen, mittel-ständischen Unternehmen und öffentlichen Verwaltungen. Als Professor unterrichtete er an der FHöV NRW in Köln Betriebswirtschaftslehre mit den Schwerpunkten Organisation, Personalwirtschaft und Informationsver-arbeitung. Zahlreiche Veröffentlichungen und mehrere Bücher wie z.B. Organisationen organisieren, Geschäftsprozesse optimieren, Personal för-dern und fordern, Öffentliche Betriebswirtschaftslehre, Das Neue Steue-rungsmodell und Vitalitätsmanagement mit KOPF© zählen zu seinen Publikationen.

Zeitfracht Medien GmbH
Ferdinand-Jühlke-Straße 7
99095 Erfurt, Deutschland
produktsicherheit@kolibri360.de